エレミヤ書を読もう

悲嘆からいのちへ

左近 豊
SACON, Tom

日本キリスト教団出版局

はじめに

「縦軸のない日本社会は、……元来浮游することをもって良しとしてきたのである。流れに棹させば流されるのである。戦後民主主義は縦軸の代用物の役割を果たしてきたが、流れの早さに押し倒されようとしている。……縦軸のないところでは横軸の流れだけが方向を決定する。……そこに今日の日本の真の危機がある。座標軸の構築こそが、内村〔鑑三〕が日本の思想史に残した遺産であり、その再構築が今問われている。[1]」（〔 〕内は引用者の加筆）

四〇年近く前に隅谷三喜男氏が書いた内村鑑三論です。隅谷氏の危惧と提言は、今日、ますます縦軸が薄れゆく日本社会にあって、一層痛切に響くものと言えないでしょうか。戦後七〇年を経て「縦軸の代用物」なる民主主義は、成熟には未だ遠く道半ばにあって、安全保障関連法や共謀罪法（改正組織犯罪処罰法）などの成立の経緯において、また公文書改竄や隠蔽の横行において、縦軸なき横軸社会のとめどなき漂流の危うさを露呈しています。改めて内村鑑三が、歴史の流れのままに流される「死せる魚の類いにあらずして」、水流に逆らって泳ぐ生ける魚のごとく、また社会の激流に押し流されることなく、毅然と立ち続け、厳しい社会批判を行った姿に、縦軸を持って生きる信仰者の視座を再認識させられるのです。そして、この内村が、座標軸の中に設定すべき自らのあり方を見出したのが、ほかならぬエレミヤであったことを思い起こさせられます。

　エレミヤ書に証しされる神との出会いへと導かれながら、時を貫いて生きて語りかけられる神のみ言葉に打たれ、正され、促されて、他では代えられない「地の塩、世の光」として、主の凱旋に連なる「キリストの香り」として、与えられた今の時代にキリストを指し示す証人として、非陶酔的に、究極的なものと、それ以前のものとを見極めながら、「最後から一歩手前の真剣さ」[2]で、主の栄光を映し出しながら、栄光から栄光へと、主と同じ姿に造りかえられ、天にある故郷を遥かに望み見ながら生きるものとされてきた信仰の先達の歩みを思います。

　本書を手にしてくださった方が、エレミヤ書を紐解かれ、そこに語られる生ける神の熱情溢れる言葉と出会われることを願っています。

注

(1) 隅谷三喜男『日本プロテスタント史論』新教出版社、一九八三年、146頁参照。「内村鑑三と現代」と題するこの論考は、一九八一年一月に『世界』第422号(岩波書店)に発表されたもの。

(2) 宮田光雄『キリスト教と笑い』岩波新書、一九九二年、『国家と宗教——ローマ書十三章解釈史=影響史の研究』岩波書店、二〇一〇年など参照。

もくじ

もくじ

装丁・桂川　潤

聖書の引用は基本的に『聖書　新共同訳』（日本聖書協会）による。ただし必要に応じて、原文から私訳した。

序　「証言」としてエレミヤ書を読む

エレミヤ書には様々な読み方がありますが、本書では神の民が語り継いできた「証言」として、エレミヤ書の言葉に耳を傾けてみましょう。

「証言」。それは体験を言葉で描写することです。都市をなめ尽くす炎の中で逃げまどった人たちがなめた辛酸、大量虐殺による「忘却の穴」（ハンナ・アーレント）に消え去った無数の記憶、圧倒的な暴力にさらされて尊厳を奪われた者たちの苦悶。それらが「証言」として語られる時、それを聞く者の想像力は刺激され、活性化し、ある現実が立ち現れてくることを、現代を生きる私たちもよく知っています。

「証言」としての旧約聖書

聖書の証言も同じです。それが語られるところでは、神の民イスラエルに出会われ、関わられた神、そしてその神によって語りかけられたみ言葉が、過去に埋もれた死せる文書に凝固するのではなく、活ける言葉として「今ここに生きている我々すべて」にとっての生ける現実となったのです（十戒への言及に先立つ申命記5・3参照）。

救い、裁き、憐れみ、怒り、赦し、罰し、笑い、嘆く熱情の神と折に触れて出会ってきた共同体は、その出会いを語り伝えてきました。後の世代がこの神との出会いの証言を「むさぼり食べ」ると、それは遠い昔話ではなく、今を生きる「わたしのものとなり」心を喜び躍らせるものとなったというのです（エレミヤ書15・16）。親鳥が雛に口移しで餌を与えるようにして、この「命の糧」は受け継がれてきました。神が自分たちをエジプトの奴隷の家から救い出し、契約の相手として選び、約束の地に導きいれ、何ら誇るべきものもないのに、かけがえのない特別な「宝の民」としてくださったことを味わった人々は、喜びと感謝と驚きと畏れをもってこの神を次の世代に証言します。新しい世代は、この証言を通して神と出会います。伝承をただ反復するのではなく、それを解釈し、再解釈し、救いを自らのものとして再体験し、追体験し、物語る共同体に連ねられるのです。親から受けた喜びを子に伝え、語り伝えることで生かされ、生かされて物語る――そのような共同体による伝承の営みが聖書の民のアイデンティティーを形成するとともに、度重なる滅亡の危機を切り抜けさせたのです。

聖書を物語る民にとって共同体を破壊し、人々を奴隷化し非人間化する「エジプト」なるものは、紀元前六世紀のユダにおいてはバビロニア（新バビロニア帝国）を指すものと再解釈されました。つまり「出エジプト」は、バビロニアからの帰還を物語る新たな希望の物語として語りなおされ、荒野に大路を敷かれ、未知の、しかし確かな救いの未来へと先立って進み給う生ける神の壮大な働きを再体験させることになったのです（イザヤ書40章以下。エレミヤ書16・14―15）。聖書は、それを常に新しく物語り、生きる人々の命のリレーを経て、時代を、民族を、国を超えて、私たちの手元に届きました。エレミヤ書の語る神との出会いに生きる聖書の民へと私たちも招かれているのです。

エレミヤ書の見ている世界

さて、その冒頭の表題（1・1―3）からもわかるように、エレミヤ書は歴史に深く根ざしています。紀元前七世紀から六世紀にかけて滅びの坂を転げ落ちるようにして国を失い、故郷を失い、神の約束を見失った民、そしてその民に語りかける神を証ししているのです。紀元前五八七年に神の都エルサレムは崩壊しました。圧倒的な軍事力を誇る新バビロニア帝国は、都の住民を容赦なく殺し、奪い、蹂躙《じゅうりん》し、破壊し尽くしました。「聖なる神の都」（詩編48・5―

12）、神が「選んだ」「永遠の憩いの地」（詩編132編）と歌われたエルサレム（シオン）は今や見る影もなく、そこに建てられた神の「聖所」「足台」「御座」である神殿は灰燼《かいじん》に帰しました。「永遠の契約」によってその永続を約束されたダビデ王朝（サムエル記下7章、23章、詩編89・20—38）の最後の王ゼデキヤは捕らえられ、王子たちの処刑を見させられた後に目を潰されバビロンに連行されました（列王記下25・7）。ここに四〇〇年余り続いた王朝は滅びました（エレミヤ書52章、列王記下25章）。

明日も今日と変わらぬと信じて生きていた世界が一変し、慣れ親しんでいた社会が崩れ落ちる中を生き延びてきた人たちに、生き残った喜びはありませんでした。むしろ戦いで死んだ方がましだったと嘆きました（哀歌4・9）。愛する人々の死、街の滅びをくぐり抜けた後に待っていたのは「混沌」でした（エレミヤ書4・23—26は天地創造の秩序が混沌へと巻き戻された世界として描きます）。多くの住人が数回に分けてエルサレムから異郷・バビロンに連行され、そこでは「死は生よりも望ましいもの」との嘆きがこだまするのでした（8・3。また22・10—12には戦争で死んだ王よりも生きて連行され二度と故郷を見ることのない王のために嘆け、とあります）。

エレミヤ書の証しする神

　ところでエレミヤ書が証しするのは、歴史を生きた一人の偉大な預言者エレミヤについてではありません。これは偉人伝や伝記ではないのです。確かに読者の関心は、若き日に召され、以後四〇年近く神から託された峻厳な言葉を告げたために、愛する故郷を追われ、同胞に疎まれ、幾度も命を脅かされ、失意と痛みをその身に負ってイスラエルの民と滅びを共にした「涙の預言者」に引きつけられます。エレミヤは孤独の淵にたたずみ、一人泣く者の涙の味を知っています。帰らぬ過去を胸にかたく抱きしめて手放すことができぬ者の心の痛みを、生ける神の介在を見出すことができずにあえいでいる者の渇きを、どこにも真の居場所を見出すことのできない寄る辺なき者の漠然とした不安を……。けれども、先ほど述べたように、エレミヤ書はそのようなエレミヤの生涯にスポットライトを当てているのではないのです。むしろ、内に喪失と破れと矛盾、誰にも言えない闇を抱え、滅びの淵にたたずみ、自力ではどうにもできない罪に支配された者に向けて、それでも語りかける神を、「わたしは彼らの嘆きを喜びに変え、彼らを慰め、悲しみに代えて喜び祝わせる」（31・13）と言われる主なる神を、エレミヤ書は証ししているのです。

「捕囚」先で身の安全と経済生活を保障されてはいたものの、生きる勇気は萎え、未来を見失い、セピア色の、もう二度と帰ってこない古き良き時代、その過去の思い出と結びついた故郷と共同体を思って泣く民（詩編137編）の間でエレミヤ書は編まれたと言われます。そしてこの書物は、「捕囚」の民に「抜き、壊し」そして「建て、植える」（エレミヤ書1・10、31・27―30）という二つの神の壮大なみ業を告げたのです。「抜き、壊す」み業とは、捕囚の憂き目を直視することを拒み、失った過去にすがりついて、かつてうまくいっていた生き方を手放すことのできない民に向かって、古き世界の決定的な終わりを悟らせ、これまでの生き方への訣別を迫るものです。そして「建て、植える」み業によって、まさに今や始まろうとしている神の現実、未来から到来する徹底的に新しい世界の始まりへと民を整え導くのです。

　これは簡単なことではありません。誰しもかつて味わった陽だまりの居心地の良さを忘れられないものですし、帰らぬ過去ほど美しく彩られるものとわかっていても、手放すことは望まないものです。人々は「平和がないのに、『平和、平和』と言い」（6・14、8・11）、古き良き時代への回帰を告げる偽預言者の言葉（28・2―4、11）に耳を傾け、作り話の方にそれていったのです。偽預言者の描き出す「三丁目の夕日」的な幻想に彩られた過去は、切ないほどに心を締め付け、郷愁を駆り立てたのです。不条理にさいなまれ、秩序が砂上の楼閣のように根底から侵食され、確かだったはずの社会システムが金属疲労を起こしたかのように至る所でほころびを生じ、何かが取り返しのつかない仕方で壊れてゆくのを深い喪失感と苛立ちをもって見つめ、大事な何かを置き忘れてきた昔に涙とかたくなさと共に留まり続ける「捕囚」の民に、エレミヤが証しする神は、新しい世界、「新しい契約」を「建て、植える」と語りかけるのです。「三日目の朝日」の中に立っておられるイースターの主をおぼろげに指し示しながら。

難解な歴史書ではなく、神との出会いの証言として読み継がれてきたエレミヤ書。そこから私たちへの語りかけを共に聞いてまいりましょう。

第1章　神との出会い　（エレミヤ書1章）

主よ、あなたがわたしを惑わし、わたしは惑わされて、あなたに捕らえられました。あなたの勝ちです。……主の言葉のゆえに、わたしは一日中、恥とそしりを受けねばなりません。主の名を口にすまい、もうその名によって語るまい、と思っても、主の言葉は、わたしの心の中、骨の中に閉じ込められて、火のように燃え上がります。押さえつけておこうとして、わたしは疲れ果てました。わたしの負けです。

（20・7―9）

今から二五〇〇年以上も前にエルサレム周辺で活躍したエレミヤがどのような人物であったかを史的に検証し、再構成することは大変困難です。けれども、神とどのような出会いと関わりをもった人かについては、エレミヤ書が証言として語っています。その描写によるとエレミヤは、神の召しと激しく格闘し、神の言葉に捕らえられて世と対峙し、逆境にあってなお語り続ける壮絶なパトス（熱情）に生きる者。エレミヤ書の語りかけを聞く者は、その姿を通して、凍りつくようなこの世の罪の現実に対して燃えたぎる神の熱情に触れ、生ける「神の言葉」との出会いを味わうのです。

「神の言葉」は生きていて、力があり、どんな両刃の剣よりも鋭く、精神と霊、関節と骨髄とを切り離すまでに刺し通して、心の思いや考えを見分けることができる、と新約聖書（ヘブライ４・12）は証ししますが、エレミヤ書には上より刺し貫き（25・33）、内なる深き闇を探り（11・20、17・10）、火のように燃え上がる「主の言葉」が熱く息づいていると言えるでしょう。

この書物は、冷めて心を動かすことをやめた時代、その心象風景が冬枯れのようにささくれ立った社会のただ中にあって、新しい季節の到来を真っ先に告げる「アーモンド」の花によせて、そのヘブライ語の発音「シャーケード」の語呂に合わせて告げます。神は熱き心を持って獲物に今や飛びかからんとして虎視眈々と機を窺う捕食者のごとく「見張っている（ショーケード）」（１・12。５・６の「（豹が）ねらう」は同じ語彙）、審判の時を定めて「目覚めている」（31・28、44・27―29でこれらが実現します）ことを。

我が世の春を謳歌し、神の峻烈な剣のような言葉を真綿に包まれた甘言のように聞く時代。春眠をむさぼり、不正・不義にねじ伏せられた声なき者の声を聞き取る繊細な魂を鈍らせて、これを省みない社会。そこかしこに破滅の兆候が芽生えているにもかかわらず、それを手軽に治療して、平和でもないのに「平和」「平和」と言う言葉に安堵し、冷厳な現実から目をそらす世界（6・14、8・11）。打たれても痛みを覚えず、打ちのめされても懲らしめを受け入れないほどに鈍磨し（5・3）、究極的な出来事に先立って語られる神の言葉を侮って「主は何もなさらない。我々に災いが臨むはずがない」「預言者の言葉はむなしくなる。『このようなことが起こる』と言っても、実現はしない」（5・11―13）と臆面もなく言い放つ世代。神と人の関係（垂直次元）を見失って座標軸が崩れ、際限なく相対化、断片化して物語・歴史を失った共同体（11・1―13）。神の前に立つことの畏れと慎みを欠いて、自らを貶めてゆく民（6・15、8・12）。そのような時代のただ中で、敗れて目覚め、新しい時代の到来を遙かに望み見ながら懊悩《おうのう》する人々の心にエレミヤ書は語りかけてきました。例えば、太平洋戦争中、エレミヤ書に深く沈潜し、そこに描かれるエレミヤを『余の尊敬する人物』の一人にあげた矢内原忠雄は言います。「エレミヤの希望は悲哀の底に咲き出でた花、暗黒の中に輝いた星である。神を信じて最も深く悲しむ者は、また神に在りて最も高く希望する。……凡て逆境苦難の中に憂ひ悲しむ者に対する無限の慰藉《いしゃ》が此処にある」と（『矢内原忠雄全集』13巻、岩波書店、一九六四年、436、441頁）。

エレミヤ書第1章の構造

それでは「エレミヤの召命」と呼ばれる第1章を開いてみましょう。まずこの章全体を見通してみると、幾つかの段落が印象的なキーワードの連関によって建造物のように巧みに組み合わせられていることがわかります。文章の形式・構造はその意味・内容を担います。大まかに第1章の区分と連関を概観してみましょう。

1章1―3節は書物全体の歴史的背景を語る序文ですので、一つの独立した段落と見なすことができます。４節以下がこの章の本論となります。第一段落（4―8節）は、よく知られたエレミヤの召命が語られているところですが、その7節後半から8節と、この章の最後の段落である17節から19節が、あたかも章全体を包み込むような枠組みを形づくっていることに気付かされます。ヘブライ語の原文の語順とキーワードに注意しながら訳してみると図のようになります（本書21頁参照）。

1章4―8節と1章17―19節の枠に囲まれた中にある9節から16節には、「見る」という動詞が繰り返されて二つの幻（ヴィジョン）が語られます。この中央の段落の、さらに中枢部（10節）をご覧ください。ここにエレミヤ書全体の基調となる言葉、「抜き、壊し、滅ぼし、破壊し、建て、植える」が登場します（12・17、18・7—10、24・6、31・27—28、40、42・10、45・4）。ヘブライ語では「抜き、壊し、滅ぼし、破壊し」が接続詞で繋がれて一息に語られ、一呼吸おいて「建て、植える」が続いています。両者の間にある一瞬の切れ目を境にして、最初の四つは古き世の不可逆的な崩壊を告知し、あとの二つは未だ知られざる究極的な新しさを暗示しています。古き世に終わりを告げ、未知の新しさを来らせる神の壮大なみ業を切り結ぶ一呼吸。エレミヤ書は書物全体でその「間《ま》」の持つ意義を明らかにします。二つのみ業の間を旅する民をエレミヤ書は導くのです。

破れ目に立つ言葉

歴史的には、前半の〈抜き、壊し、滅ぼし、破壊する〉はエルサレムの崩壊・捕囚（紀元前五八七年）を示唆し（31・28）、後半の〈建て、植える〉は、バビロン捕囚からの解放・エルサレムへの帰還（紀元前五三九年）、共同体の回復（エルサレムの第二神殿が完成した紀元前五一五年）を暗示するものと考えられます。その間にあるのが紀元前五八七年から五三九年までの半世紀に及ぶ「バビロン捕囚」です。捕囚期とは国家、宗教、共同体の拠り所がすべて失われた崩壊の時代。エレミヤ書が担ったのは、この約束の地エルサレムと捕囚の地バビロンの間にある崩

1・4–7前半　《エレミヤの召命》諸国民の預言者として立てた（1・5）
1・7後半–8　わたしがあなたに命じるすべてのことを
あなたは語れ

あなたは恐れてはならない　彼らの前で
あなたと共にわたしはいて、救い出す　あなたのことを、と
主は言われる

1・9　さあ（見よ／今）、わたしは授けた。わたしの言葉をあなたの口に。
1・10　見よ、わたしは今日、あなたを任職した。諸国民、諸王国に対して

抜き、壊し、滅ぼし、破壊するために
建て、植えるために

1・11　何が見える？　エレミヤよ
アーモンド（シャーケード）の枝が見えます
1・12　あなたが見るとおりだ
わたしはわたしの言葉を実行しようと
目覚めている（ショーケード）。
1・13　何が見える？
煮えたぎる鍋が見えます
1・15　さあ（見よ／今）、わたしは呼ぶのだ　北の諸国のすべての民を

1・17–19　あなたは語れ　彼らに
このわたしがあなたに命じるすべてのことを

あなたはおののいてはならない　彼らの前で
わたしは今日、あなたを堅固な町、鉄の柱、青銅の城壁とする。全土に対して
（1・18）

あなたと共にわたしはいる、と主は言われる、救い出すのだ　あなたのことを、と

壊期の思想なのです。

そして、神学的には、神による大いなる破壊から新しい創造へ、捕囚から解放へ、審判から救済へ、あるいは死から新しい生命へと向かうみ業の奥義、飛躍して言い換えれば「十字架」の金曜日から「復活」の日曜日に向かって、未だ明けやらぬ漆黒の闇に覆われた東の空を凝視するがごとき土曜日の神学を担うのです。ご自身の死と復活を、「壊し」、「三日で建て直す」出来事として告げられた方（ヨハネ2・13―22）を救い主と仰ぎ、その「再び来り給うを」待ち望み、最初のものが過ぎ去って「新しい天と新しい地」「新しいエルサレム」が将《まさ》に来りつつあるのを待つ共同体の希望（黙示録21章）は、「新しい契約」（31章）の締結について語るエレミヤ書の希望とも響きあうのではないでしょうか。

このように1章10節の一文はエレミヤ書の神学を象徴するものであると同時に、その枠組みを突破して新約聖書の神証言とも呼応します。ただし、それは神の裁きの下、目覚めて語り、新しい世界の到来に先駆けて散っていったエレミヤという人の声を通して語られる必要があったのです。

1章10節の神のみ業は、その前後に記されている通り、「（わたし＝神の）言葉」（9、12節）と二つの〈幻〉（11、13節）を媒体として預言者の口と目を通して世に啓示されます。この神のみ業のためにエレミヤは「諸国民の預言者」として立てられ（5節）、「諸国民、諸王国に対する権威」を委ねられ（10節）、社会のいかなる諸力も勝つことのできない砦（18節）とされました。すべての価値観が覆《くつがえ》った崩壊期に、いわば暗闇が覆う土曜日に召されたエレミヤ。自らの内に確かさはなく（6節「わたしは語る言葉を知りません」）、取り巻く現実も四面楚歌の様相を呈しています（18―19節）。けれども神の言葉は内なる人間の思いや取り巻く世界の現実を超えて四方八方に広がりゆくのです。だから「恐れるな」（8節）、「おののくな」（17節）、遣わすところ（7節）、今いるところ（18節）がいかなる場所であろうとも「わたしが命じることをすべて語れ」（7、17節）、確かさは神の救いにあるのだから（8、19節）、と主は言われたのです。

第2章　立ち帰れ　（エレミヤ書2章1節―4章4節）

「サイキック・ナミング（心理的感覚麻痺）」。広島・長崎の原爆やアウシュヴィッツ収容所を生き延びた人たちに長期間にわたって見られた心理状態をR・J・リフトンはそう名付けました（『死の内の生命――ヒロシマの生存者』桝井迪夫監修、朝日新聞社、一九七一年、458頁以下）。麻痺した感覚は、おびただしい他人の死と自分に迫る危険を把握する能力を奪い、環境に全く支配権を委ね、「生きながら死んでいる（"death in life"）」状態、人間の内なる連続性についての意識が完全に失われてしまう状態をもたらしたと言います。

エレミヤ書は、バビロン捕囚、さらには捕囚期にイスラエルの民に差し迫っていた物質的、精神的、信仰的崩壊の脅威に対して、人々が心理的ならぬ神学的感覚麻痺とでも言える状態にあったことを証ししています。

エレミヤ書の前半部分（2―25章）を読んでみると、現状をありのままに認め肯定して包み込む言葉ではなく、むしろ迫り来る危機がダモクレスの剣のごとく頭上にぶら下がっている現実を直視した上で、覚醒した魂をもって切り抜けてゆくことを迫る、上よりの厳しい言葉で満ちています。危機を生き延びるには、エレミヤ書が与える神の新しい視点によって新しい現実認識を経なければならなかったからです。エレミヤ書が状況に合わせて解釈されるのではなく、むしろ、置かれている状況が、この書物によって新たに解釈され、把握し直される必要があったのです。

魂を揺さぶる隠喩

この章と次章に分けて扱うエレミヤ書2―6章は、しばしばエレミヤの活動の最初期になされた預言の集成だと言われてきました。いくつもの単元が論理や時系列、脈絡を犠牲にして縦横無尽に配置されているために、筋の通った解釈は困難とされてきました。けれども、「証言」としてこれを捉えるならば、むしろ理路整然と論理的に語ることのできない、認識の枠組みを超え出てしまった出来事（特に神との出会い）を、それでも何とか語ろうとする、「証言」本来の性格をよく反映したものと言うこともできます（C・カルース編『トラウマへの探究――証言の不可能性と可能性』下河辺美知子監訳、作品社、二〇〇〇年を参照）。

2章1節―4章4節（2・1と4・3―4の「エルサレム」の人々への呼びかけで囲い込まれている部分）に注目してみたいと思います。ここには実に多様な隠喩（メタファー）とイメージが登場します。語り手の一方的なモノローグ（独白）ではなく、聞き手の麻痺した魂を揺さぶり、閉ざされた想像力を解き放って聴く耳を回復させ、ダイアローグ（対話）へと招き入れます。

冒頭から、イスラエルの民と神の関係は二つの隠喩で語られています。一つは「結婚」。もう一つは「主にささげられたもの」（原文では「聖なるもの」「初物」の意）です。

神とイスラエルの関係を夫婦（婚姻）関係に擬《なぞら》えるのは、エレミヤ書が嚆矢《こうし》ではなく、遡ること一〇〇年以上、紀元前八世紀に北王国で活躍した預言者ホセアに顕著に見られるものです。そこでは、イスラエルと神の間の契約関係が、法的なものであると同時に、血の通った人格関係として捉えられています。相手の誠実と不実、信頼と背信に「激しく心動かされ」、「胸を焼かれ」、結ばれ、破れ、新しくされる関係として、シナイ契約を描き出したのです（ホセア書2・4―25、11章を参照）。

この伝承を引き継いだエレミヤ書は、出エジプト直後のイスラエルとの関係をハネムーン時代として描きます。神が「心引かれて」、何ら功《いさお》なきイスラエルを「宝の民」とし（申命記7・6―7）、他方イスラエルは「心を尽くし、魂を尽くし、力を尽くして」神を慕う。「真心

（ヘブライ語はヘセド＝真実）」、「愛」、「従順（直訳では『私の後を歩んだこと』）」に彩られていた関係。

ところが、隷従生活から解き放ち、死の陰（暗黒）、人影の絶えた荒野をも生き延びさせた神を忘れるのに時間はかからなかったのです。契約は破られ、互いを重んじあう関係は終わりを告げます。神は、その不条理を問われるのです。困惑の色を隠されずに。「お前たちの先祖は、わたしにどんなおちどがあったので、遠く離れて行ったのか」（5節）、「どうして捕らわれの身になったのか」（14節）、「あなたを、甘いぶどうを実らせる、確かな種として植えたのに、どうして、わたしに背いて、悪い野ぶどうに変わり果てたのか」（21節）、「どうして……言い張るのか」（23節）、「なぜ、わたしと争い、わたしに背き続けるのか」（29節）、「わたしはイスラエルにとって荒れ野なのか。深い闇の地なのか。どうして、わたしの民は言うのか」（31節）。「どうして……？　どうして……？」と、人間の不可解な論理が問われるのです。

もう一つの隠喩は「収穫の初穂」（3節）。イスラエルは神に属する最上のもので、誰のものでもない。ただ主のみに向けてささげられたもの。誰がささげたかと言えば、喜びをもって自らを献じたイスラエル自身です。主とイスラエルの「聖なる」契約の関係（出エジプト記19・6、申命記7・6）がこの隠喩に示されます。

けれどもそのイスラエルは、遊女のように（20節）、発情期のラクダやロバのように（23―24節）振る舞い、自らそれを汚してしまった。そのうえ「迷い出てしまったからには……帰りません」「わたしには罪がない」「主の怒りはわたしから去った」（31、35節）と開き直る現実の中で、「初穂」の隠喩は落差と断絶を際立たせるものとなるのです。

汚された嗣業の土地

2章4節から9節は、過去（「お前たちの先祖＝彼ら」5節）、現在（「お前たち」7、9節）、そして未来（「お前たちの子孫」9節）にかけて神に背を向ける民の姿によって時系列に枠付けられている箇所です。次の図をご覧ください。ヘブライ語の原文を忠実に訳してみると、何重にも囲い込まれた最も深い中心部に問題が潜んでいることがわかります。

お前たちの先祖……（5節）
彼らは後に従う、　むなしいものの
彼らはなってしまった　むなしいものに
彼らは尋ねもしない。「主はどこにおられるのか？」と（6節）

わたしはお前たちを実り豊かな土地に導きいれ（7節）
その実とその良きものを食べさせた
ところがお前たちは入るや
お前たちは汚したのだ　　わたしの土地を
わたしの嗣業の地を　　お前たちは忌むべきものとしたのだ
祭司たちは尋ねもしない。「主はどこにおられるのか？」と（8節）
彼らは助けにならぬものの後に従う
お前たちの子孫……（9節）

アブラハム以来、神の約束として与えられた「土地」。そこは神が「わたしの」「わたしの嗣業の」と呼ばれる所であって、神の聖性が人の聖化へと結びつくはずの場でした。ところがイスラエルはそこで主を忘れ（「主はどこにおられるのか？」と尋ねることを止めて）、有形無形の神々（28節参照。ここには権威、イデオロギー、異教なども含まれるでしょう）に心奪われ、その場所を「汚し」「忌まわしい」所としてしまった。それがヘブライ語聖書では、矢印で示したような「交差配列」という技法によって強調されていることがわかります。

「乳と蜜の流れる」肥沃な地で、そこに導きいれた神への従順（「後に従う」こと）を通して「聖なるもの（主にささげられたもの）」（3節）となるのではなく、「むなしいもの」「助けにならぬもの」の「後に従い」、自ら「むなしいもの」となってしまった。

さらに2章13節から19節では「水」にまつわる隠喩を用いながら（13、18節）、神を「捨てた」こと（13、17、19節）が「悪」（13、19節）として掘り下げられていきます。生ける水の源を捨てて、壊れた水溜めを掘るという、誰もが認める愚かしさ。それを現実の世界で行っているのがイスラエルだと言うのです。大国の挟間で国際情勢に翻弄され、神を見失ったリアリズムの下、判断停止した「生ける屍」のごとく取り巻く環境に流され、この世の力の象徴でもあるエジプト、アッシリアに国の命運を委ねてしまい（18節）、手痛い報いをうけている（17、19、36節）。為政者の神学的感覚麻痺が国の進むべき道を誤らせたのです。

そして第3章冒頭に再び「婚姻関係」の隠喩が登場し、神とイスラエルの関係が語り直されます。3章1節は申命記24章1―4節の再婚に関する規定を念頭においています。契約関係が一方の不実によって修復不可能なほどに破れた、その後に起こることへと目を転じるのです。申命記ではいったん離縁し、他人の配偶者となったものと再婚することは、共同体の嗣業の地を汚すこととされています。エレミヤ書は、この隠喩によって、イスラエルが一旦は神を捨てて他の神々の下に走り、しかも、相手が一人ではなく、手当たり次第に「多くの男と淫行にふけった」末に、神と復縁することなど絶対にありえないことを確認するのです。約束の地は、もはや神のいますに耐えられないほどに汚染された場所として遺棄され、恵みの雨も降らないのです(3節)。

アメイジング・グレイス

ところが3章12節以下に驚くべきことが語られます。律法では拒絶される復縁を神ご自身が望まれ、繰り返し「立ち帰れ」と言われる(7、12、14、22、4・1)。リスクを伴い、恥を被り、汚れにさらされることをも厭わずに新たな関係を模索される神。ここにホセア書11章8―9節に証しされる神の愛が新たな仕方で証言されています。

特にエレミヤ書3章14―18節の散文は、続く19節以下の詩文とは響きが異なり、関係の回復が無条件に語られています。この部分を歴史的に異質なものとしてカッコに入れて解釈するのではなく、全体で一つの証言として読むことで、人々の不実による乖離と神の真実による回復、人々の悔い改めの可能性と神の救いの確かさが緊張関係をもって隣り合わされている現実が見えてきます。究極の回復は、人の悔い改めに依拠するのではなく、神の熱情によるものゆえに、確かなものですが、「その日」（16、18節）は未だ来ていない。

そのような中にあって、４章４節では割礼の隠喩を用いて「心の包皮を取り去れ」と言われます。この表現は申命記10章16節に「かたくな、強情」を取り去ることと並行して登場していることからも、鈍磨し、かじかんでしまった感覚を回復し、敏感さを取り戻すという意味を含んでいます。生ける神の言葉への繊細な感性の回復を通して、私たちは神が始めようとしておられる新しい関係へと招かれています。

第3章　恐怖が四方から迫る　（エレミヤ書4章5節―6章）

井上光晴の小説に『明日』という作品があります。副題の「一九四五年八月八日・長崎」に明らかなように、原爆投下前日の長崎を舞台に、市井《しせい》の人たちの日常風景を生き生きと描いています。翌日、結婚式を挙げることになっている新郎新婦とその家族や知人たち。恋人との関係に悩む若い女性。そして、八日の夜を徹した産みの苦しみの末に、九日の明け方に生まれた子供を見つめる一人の若い母親の姿を描いて、この小説は閉じられます。

数時間後に、この人たちが迎えるはずであった「明日」が断ち切られることを読者は知っているだけに、言いようのないやりきれなさを覚えます。けれども作者の井上は、むしろ切迫した危機感をもって「八月八日」を、「今、この現在」私たちが立っている場所だと「あとがき」に書いています。

北からの災い

エレミヤ書4章5節から6章の終わりまで読んでまいります。平穏の日々を疑うことなく生きる人々に向けて、「北」からの災いを告げている部分です。「北」が何を指すのかについては、スキタイ人やバビロニアといった具体的な敵を想定することもできますが、あえて対象を限定していないことに意義があります。

「北」は幾つかの隠喩によって、豊かな象徴的意味をもたされています。まず「獅子」（ホセア書5・14―15では神ご自身が「獅子」「若獅子」となって襲いかかるイメージ）、「諸国の民を滅ぼす者」といった隠喩が添えられることで、「北」が「主の激しい怒り」を具現化するものであることが示されます。「北」からの敵は、単に古代近東世界の国際情勢を左右した歴史的勢力を指すだけではなく、神の裁きの道具と理解されるのです。

続く4章11―18節でも敵は特定されず（13節で「それ」）、砂漠から何の妨げもなく吹き付ける「熱風」（11節）が「北」のイメージとして加わります。もはや良い実と籾殻を選別する夕べの微風ではなく、一切を死滅させる灼熱の風であり、地平線にみるみるうちに湧き上がるや一面に垂れ込める密雲のように、あるいは逃れえぬ「疾風（つむじ風）」のごとく襲いくる（13節）、というのです。北方（15節「ダン」「エフライムの山」）に立てた見張りは、風雲急を告げます。包囲網は狭まり、危機感が強まります。

「北からの災い」の到来に神が関わっておられることは、1章13節以下で、預言者に示された二つ目の幻、「煮えたぎる鍋の幻」の中で、神の「呼びかけ」に呼応して「北から災い」は襲いかかると述べられていることからもわかります(14―16節)。6章の冒頭でも、災いと破壊が「北から」迫っていること(1節)、その背後に神がおられ(2―9、18―19節)、「北の国から」「地の果てから」エルサレムに向けて情け容赦ない残酷さをもって怒濤のごとく攻め来る「民」について言及されています(22―23節)。それは同時に、どこから襲いかかるかさえ見当もつかず、逃げ場のない「四方から迫る」恐怖だとも言われます(25節。正体不明の敵の攻撃にさらされる恐怖は、二〇〇一年の9・11以後の世界を生きる者にとって一層現実味をもって想像できるものとなっています)。5章15―17節でも、神が「襲いかからせ」る国は、徹底的にあらゆるものを「食い尽くし」(17節に4回。14節の「焼き尽くす」も同語)、ついには都を他から隔て、民族のアイデンティティーを守る砦さえも「破壊する」と告げられます(15節のコミュニケーション不能な敵と、19節の異国での生活への言及にも注目)。エレミヤ書は、ひとつの歴史の終焉に、はっきりと神の介在を見ているのです。

致命的な勘違い

「角笛」を吹き鳴らし、「大声」でエルサレムに知らされているのは、差し迫っている神の審判でした（4・5。6・1も）。ところが、当の都はといえば、誰もが、ある信念をもって安穏としていたのです。それはイスラエルの民の勝手な思い込みとばかりも言えず、「あなたたちに平和が訪れる」との神の約束（4・10。6・14、8・11も同様）に基づく信仰的確信と呼べるものでした。

その由来を尋ねれば、エレミヤから遡ること一〇〇年以上前（紀元前七〇一年）にエルサレムに向けて語られた預言者イザヤの言葉に行き着きます。当時、エルサレムは絶大な力を誇ったセンナケリブ王率いるアッシリア軍に包囲されて危機に陥っていましたが、イザヤ書37章33—35節で神は、包囲網を狭めているアッシリア軍が都に入城することは決してないこと、ご自身とダビデ王朝のために都を守り抜いて救うことを約束されました（31・5も参照）。そしてその通りになったのです。「籠の鳥のように」エルサレムに閉じ込められたヒゼキヤ王に戦略的に打つ手はなかったにもかかわらず、ある朝、アッシリア軍は突如包囲を解いてニネベへと帰ってゆきました。

一世紀余の時を経て、この奇跡的な出来事に裏打ちされたイザヤ書の言葉と、この都の壊滅を告げるエレミヤ書の預言は、真っ向から対立する事態となりました。どちらが今、この現在、真の預言なのかを聞き分ける耳が切実に求められたのです。

エルサレムの人々はエレミヤの預言を偽りとして退けました。「彼（主）は無にひとしい、われわれが災いにあうなんて――剣にも飢饉にも　お目にかかることはあるまいよ。なに、預言者だと、やつらは風さ、彼らに神の言の持ちあわせもあるまいて」（5・12―13。関根正雄訳。『関根正雄著作集』第14巻、新地書房、一九八一年、117頁）と嘯《うそぶ》きながら。エレミヤが取り次ぐ神の言葉も侮られ、聞き流されます（6・10―12、16―17）。

そのようにして、現実には神の賜わる「平安」はないにもかかわらず、その存在しないものを、存在するかのような認識の上に、信仰や制度が構築されていったのです。そして、ダビデ王朝と神殿はいかなる状況であっても揺らぐことはない、王と神の臨在するエルサレムは神の守護の下にあり、選ばれた都ゆえに絶対に安泰である、との欺瞞《ぎまん》に陥ったのです。神の前にあっては、すべてのものが相対化されるという視点を失う時に、致命的な勘違いと過ちが起こることをエレミヤ書は鋭く指摘します。

例えば、口先だけで「主は生きておられる」と言って誓い、神を冒瀆していることを（5・2）、裁きを留保される神を軽んじ、「神がいないから、すべてのことはゆるされる」とばかりに際限なく悪行を重ねて留まるところを知らないことを（5・26―28。ドストエフスキー『悪霊』より「スタヴローギンの告白」を引用する北森嘉蔵『エレミヤ書講話』教文館、二〇〇八年、97―99頁参照）。生ける神への畏れを知らない社会には「恐ろしいこと、おぞましいこと」が横行し（5・30）、預言者たちは偽りの預言をし、祭司らは利己的に振舞い、人々もそれを喜んでいる様を（5・31、6・13―15）。共同体の虚偽と不義は、礼拝をみ前に相応しくないものとすることを（6・19―20。ホセア書6・6、アモス書5・21―24、マタイ9・13、12・7などに同様の視点があります）。

のたうつ痛み

4章19節以下には、民を襲う災いがいくつかの隠喩で語られます。一つは、国を吟味し、同胞の滅びを先取りさせられた預言者（6・27―30参照）が味わう、のたうつばかりの苦悶の隠喩です。「角笛」と叫び声が告げる敵の来襲と壊滅的な破壊は避けがたく迫っているにもかかわらず、周囲の人々は安穏としています。独り滅びを身に負うた預言者は孤独の中で、感情の座である「はらわた」が捻じれるばかりの苦しみに悶え、激しくたかなる「心臓」がきしむほどに打ち震え、押し殺しえない呻きを上げます（4・19―21）。

もう一つは、創造のみ業の逆転です（4・23―26）。「序」でも述べたように（本書12頁参照）、創世記第1章の創造の過程が一つ一つ原初の混沌（23節。創世記1・2）へと巻き戻されてゆくのを「わたしは見た。見よ」の繰り返しを通して描かれるのです。これはホセア書4章1―3節とも響きあうものですが、人間社会の不正・悪が宇宙的混沌と深く連関させられている点に注目したいと思うのです（5・21―25も参照）。ここに旧約聖書の世界観の特徴があらわれているからです。

ハーバード大神学部のジョン・レヴェンソンという聖書学者が『天地創造と悪の残像』（未邦訳。概要については、左近豊他『3・11以降の世界と聖書』日本キリスト教団出版局、二〇一六年、第3章を参照）という書物の中で、古代オリエントの創造神話を引きながら、イザヤ書、詩編（74編、104編など）に見られる「天地創造」とは、神の統御を脅かす諸力や悪に対する主なる神の闘争・勝利によってもたらされた秩序の確立のことだと論じています。けれども問題は、悪の力が全く根絶されたというのではなく、なおしぶとく混沌を引き起こそうと神に挑戦し続ける挑戦者がいまや人間に他ならないと論じている点です。人間が神の創造秩序を脅かすものとなっているというこの理解は、大虐殺の世紀を経た人類にとってより一層、重い問いかけをもたらしていると言えましょう。

続くエレミヤの言葉には、死に物狂いで逃走する人々の姿（４・29。６・１にも追われて南へ南へと避難する人々が描かれます）、この期に及んでなお、無神経にも身づくろいして襲いかかる敵軍兵士にまで媚《こび》を売ろうとして相手にされずに殺される哀れな娼婦の姿（４・30。２—３章や５・７—９の破れた婚姻関係の隠喩を参照）、さらに妊婦、それも初産において、しだいに間隔が狭まり、激しくなる陣痛に苦しみながらも新しい命の誕生の喜びはなく、暴虐の末の断末魔の叫びを上げる女の姿（４・31）が描かれます。さらに６章24—26節には「独り子を失ったよう」な嘆きが加わります。このように、深い暗闇を暗示する隠喩によって都の滅びの切迫感が語られます。

滅びを滅ぼす方

「北からの敵」の襲来は避けがたく、滅びの「明日」は目前に迫っています。創造の秩序を脅かす人間の悪と罪は、もはや「忍耐をもって見のがしておられ」る時を満たし、神の義による裁きを必定のものとするのです（５・９、29。ローマ３・25—26参照）。けれども同時にエレミヤ書の証しする神は、最後の一歩を踏みだすことに躊躇もなさるのです（４・14、６・８など）。５章１節は、創世記18章16節以下に描かれるアブラハムによるソドムの執り成しの場面を彷彿とさせます。6章27―30節では金属を精錬する隠喩によって、神がエルサレムに僅かでも義を見出そうとしたことが語られます。けれども、すべては徒労に終わり、遂に裁きは不可避となります。神の義が示される時、悪は滅ぼされ、罪は断罪され、混沌は正されます。

この徹底した裁きと滅びに言及してなおエレミヤ書は語り続ける言葉があり、崩壊を経てなお成り立つ信仰が証しされているのです。エルサレムを滅ぼした「北からの敵」は、エレミヤ書の末尾で、バビロニアを滅ぼすものとして登場します（50・3、9、41、51・48）。神が「わたしの僕」と呼ばれたバビロンの王ネブカドレツァル（ネブカドネツァル）（25・9）も、エルサレムと同じ末路をたどります。

滅ぼすものを滅ぼし、人間のあらゆる所業も、その帰結も、すべてを究極以前のものとされ、人のもたらす終わりにさえ終止符を打つことがおできになる方は、人間を襲う最大の敵である罪と死を滅ぼすために「独り子を失う」という決断をされるのです。

第４章　神殿説教（エレミヤ書７、26章）

この章で取り上げる７章は、26章とも関わりが深い箇所ですので、併せて読んでまいりましょう。７章のいわゆる「神殿説教」が語られた時期は、26章１節では「ユダの王、ヨシヤの子ヨヤキムの治世の初め」とありますので、紀元前六〇九年直後のことと考えてよいでしょう。その年、一つの衝撃がイスラエルを襲いました。それはイスラエルの終わりの始まりを告げる出来事であったと言っても過言ではありません。八歳で即位して以来三一年間王位にあったヨシヤ王は、申命記の精神に則った宗教改革を成し遂げ、アッシリアの影響下にあったサマリア（かつての北王国の領域）を事実上掌中《しょうちゅう》に収め（列王記下23・15―20）、エルサレムに中央集権体制の確立を企てました。しかし彼がその絶頂期に戦死するという事態が生じたのです。

メソポタミア地方で覇権を握りつつあった新バビロニア帝国に対抗すべく、地中海東岸を北上してきたエジプトの王ネコ二世を、ヨシヤ王は迎え撃とうと出陣したものの、「メギドの戦い」であえなく討ち死にしたのでした。以後、南ユダ王国は、エジプトとバビロニアという両大国に挟まれて、内部には親エジプト派と親バビロニア派の緊張と対立を抱えたまま、滅びの坂を転げ落ちてゆくことになるのです（列王記下22―24章）。

両大国の挟間で

反エジプトの旗印を掲げて敗れたヨシヤを継いだ王子ヨアハズ（シャルム）は三か月でエジプトによって廃位され（22・10―12）、エジプトの傀儡《かいらい》としてヨヤキムが即位しました。ヨヤキムは前六〇五年に起きたカルケミシュの戦いでエジプトがバビロニアに敗れたのを見るや、バビロニア側に寝返ります（46・2―6）。ところが前六〇一年に、今度はバビロニアがエジプト攻略に失敗したとの報に接するや、バビロニアに反旗を翻します（列王記下24・1）。

前五九八年にバビロニアの征伐軍がエルサレムを包囲した時、直前に死んだヨヤキムに替わって王となったヨヤキン（エコンヤ）は父の反乱の咎を負わされ、預言者エゼキエルや祭司、役人、軍人、手に技術のある人たちと共にバビロンへと連行されることになりました。神殿の宝物も持ち去られました（第一次バビロン捕囚。エレミヤ書24章、列王記下24・10以下。エゼキエル書1・1―3参照）。バビロニアの傀儡として南ユダの王に立てられたゼデキヤは当初バビロニアに恭順の姿勢をとりますが、エジプトにホフラ王が登場するや、その援護を頼んで近隣の諸国と共に反バビロニア同盟を結成します（27・3）。これがあだとなって前五八七年に、エルサレムはバビロニア軍によって包囲され、城壁の一部が破られて陥落。徹底的な破壊によって神殿は灰燼《かいじん》に帰し、ダビデの都エルサレムは王家と共に滅びました。住民の多くがバビロンへと連行され、ゼデキヤ王は跡継ぎたちが目の前で殺されるのを目撃させられた後に両目をくり抜かれて、死ぬまで牢獄に繋がれることとなったのです（第二次バビロン捕囚。エレミヤ書39章、52章、列王記下25章）。

神のもとでの相対化

エレミヤ書は、滅び行く民の傍らで、バビロニア王ネブカドネツァルを「（神の）僕《しもべ》」と呼び（27・6）、エルサレムの住人にバビロニア軍に投降し（38・2）、バビロン捕囚へと赴き、かの地で腰を落ち着けて生活をすることを勧め、異郷、異教の地に住むことを肯定するのです（29・4以下）。「あなたがたは、バビロンの王のくびきを自分の首に負って、彼とその民とに仕え、そして生きなさい」（27・12。口語訳）とも語ります。奴隷の姿となり、生き恥さらしてでも、おめおめと生き延びよ、と。聞く者には耐え難かったことでしょう。抵抗の末に潔く玉砕するのではなく、敵の軍門にくだり、敗北を抱きしめて生きるのだ。死んではならない！　それが神の言葉だ、というのです。

人々がエレミヤの言葉に耳を傾けず、バビロニアの内通者（37・13。39・11―12参照）、非国民、裏切り者として告発し、口を封じようとしたのは当然だったかもしれません（26・8―11、38・4）。エレミヤ書は、民族であれ国家であれ、共同体の信仰でさえも、神の主権のもとに徹底的に相対化する厳しさをもっています（アモス書9・7―8が、イスラエルの「選び」を他民族の「選び」と同列に並べて相対化するのと似ています）。

たいへんな衝撃

エレミヤは、これから民がこのような滅びの坂を歩んでゆくことを神に示されながら、「ヨヤキムの治世の初め」に説教したのでした。7章1―15節を見てみましょう。

まず1―2節に「（主の）言葉」と「主の家（神殿）の門」が交互に登場し、神の「言葉」と「神殿」の対比がなされていることがわかります。

続く3―4節で、神との契約の言葉に立ち帰って自らの歩みと行いを正し、「土地（＝この所）」に留まるか、それともやみくもに「神殿」礼拝に命を委ねるかの二者択一が迫られます。

神殿に繰り返しこだまする「主の神殿」三唱は、そこが神のご臨在の場であることを無条件に前提としています。けれども神は自由な方です。たとえ「み名によって呼ばれる」場所であっても、主をそこに縛りつけることはできません。ですから「神殿」であっても、それを絶対化するのは「むなしい（偽りの）言葉」と言わざるを得ないのです。

5―11節では、これまでのテーマがさらなる展開を見せます。3節で触れられたイスラエルの「土地」は無条件に与えられたものではなく、それを保持しうるか否かは、シナイ契約に基づく「律法」の要求に人々が従うかどうかにかかっているのです。ところが、8節「見よ！」以下で明らかにされるのは、「むなしい言葉に依り頼んで」、シナイで与えられた十戒をことごとく破っている現実です（ホセア書4・2参照）。偶像崇拝と隣人に対する四つの罪等、律法に反するあらゆる恥ずべき行いに身を任せていながら、「神殿」にやってきてはみ前に立ち、悔い改めなしに「救われた！」と言い、出て行って同じことを繰り返す。「わたしの名によって呼ばれる」神殿は、わたしの律法を犯した者たち（「強盗」）の隠れ処、礼拝は隠れみのにでも見えるのだろう。このわたしにもそう見える、と主は痛烈に批判します。

そして畳みかけるように12―15節で、エルサレム神殿をシロの神殿と並べて語ります。これは聞く者にとっては大変な衝撃なのです。と言いますのは、シロとは、かつてイスラエルの宗教・政治の中心地であり、その神殿には神の契約の箱が安置されるほどに由緒ある街でしたが、祭司エリの時代にペリシテ人によって「神の箱」は奪われ、街も破壊されたのでした（サムエル記上4章）。詩編78編56節以下には、神への反逆と罪のゆえにシロが捨て去られたこととは対照的な南王国ユダのシオン（エルサレム）の選びが高らかに歌われています。シロはシオン（エルサレム）にとって反面教師であり、対極にあると考えられていた所だったのです。ところがエレミヤ書は、神が繰り返し語った「言葉」に聞き従わず、呼びかけに応えないエルサレムは、たとえその神殿が「わたしの名によって呼ばれ」ていようとも、「わたしの名を置いた」シロにしたと同じようにし、北イスラエル王国の民同様、南ユダ王国の人々も「投げ捨てる」と語るのです（26・5―6も参照）。

シナイとシオン

エレミヤ書は、シオン（エルサレム）の権威（王朝、神殿）と、シナイ（モーセ）の権威（契約、律法）を並立させています。両者のせめぎあいの中で、エルサレム神殿も嗣業の地も相対化されますが、これはシオンに根ざした信仰を否定するものではありません。むしろ、もうひとつの権威、すなわちシナイで啓示された生ける神の言葉によって常に改革される、新たなる信仰への飛躍へと招いているのです。

私たちにもそれぞれのシオンがあるのではないでしょうか？　知らず知らずのうちに身を委ねている権威や体制、そして信仰があります。安らぎ、隠れ家となる場所があります。エレミヤ書を読む時、私たちの内なるシオンも神の前に絶対ではなく、崩れうる可能性を持っている現実に向き合う勇気を与えられます。神殿は灰燼《かいじん》に帰す日がきます。嗣業の土地を追われて異郷の地に移される時を迎えます。安らぎの見出せない新しい境地になじめず、私たちが遙かなるシオンをふりかえる時、エレミヤ書は、そこでこそ、シナイでご自身を現された神の言葉を明らかにします。今も後もとこしえに生きて語られる神の言葉に触れて、私たちが新たにされる道を開くのです。

第5章　癒やしがたい傷を抱えて　（エレミヤ書8―10章）

夏は終わった。しかし、我々は救われなかった。（8・20）

めぐりくる季節の中で、いつしか秋の気配が忍び寄ってきています。穀物の刈り入れシーズンも過ぎ、例年通りならば救いが到来するはずなのに、その兆しが見えないのです。他方、果樹園のブドウの木も、イチジクの木も、実りの秋を迎えるどころか、根腐れして葉はしおれ、徒労は失望に終わろうとしています（8・13。イザヤ書5・1―7参照）。いつもとは違う秋の訪れに、凍《い》てつく滅びの予感が漂います（8・15）。

エレミヤ書は、前章で取り上げた「神殿説教」でシオン（エルサレム）の「神殿」という場所を無批判に救いの根拠とする信仰を根底から揺さぶり、神がそこにいますか、いまさぬかは神のみ心によるということを語って人々を震撼させ、激高させましたが、8章では救いの時が問題となります。８章19節ｂと20節にそれぞれ「娘なるわが民」の発した救いの場と時についての問いが引用されています。
これらの問いに挟まれるようにして、８章18―23節の中心である19節ｃにもう一つの声が割って入ります。「なぜ、彼らは偶像によって、異教の空しいものによって、わたしを怒らせるのか」。これは神の発せられた問いです（７・18―19。10・１―16参照）。臨在の場であるシオンに主がおられず、救いの季節が到来しない理由が示されるのです。文学構造を図式化してみると左記のようになります。

18―19節ａ　嘆き
19節ｂ　場についての問い
19節ｃ　神の問い
20節　時についての問い
21―23節　嘆き

嘆く者の声

19ｂ―20節にある人々と神の問いを挟み込むようにして、18―19節ａで「わたしの嘆きはつのり、わたしの心は弱り果てる」、そして21節で「わたしは打ち砕かれ、嘆き、恐怖に襲われる」との嘆きが吐露されます。「娘なるわが民」の叫びを聞き、その破滅を目の当たりにして発せられた苦悶と言えるでしょう。通常、この嘆きは預言者のものと考えられています。滅びゆく同胞のただ中に身を沈めて泣く預言者の姿をここに見ることもできます。

けれども、エレミヤという個人を超えて、人格化された共同体の嘆きをここに聞き取ることも可能です。都市を人格的に（擬人的に）捉える視点は、エレミヤ書に続く哀歌に顕著であり、また先行するイザヤ書40章以下にも見られるものです。

また、共同体の嘆きを体現する人格としてなじみ深いものが、たとえば、マタイによる福音書で主イエス誕生の直後に起こった「嬰（幼）児虐殺」について描いた箇所に引用されるエレミヤ書31章15節の「ラケル」です。「ラケル」はヤコブの妻、ヨセフとベニヤミンの母ですが、エレミヤ書の文脈では破壊されたイスラエルの嘆き、マタイの文脈では嘆き悲しむベツレヘムの街を表しています。バビロン捕囚において共同体が味わった喪失体験が、固有の歴史に根ざしつつ、しかも、ひとつの時代、ひとつの民族に限定されずに、新たなる喪失の悲しみに暮れる共同体に寄り添うのです。

8章18―23節も、滅びゆく都市の哀しみとして聞く時、数千年の遠い昔に留まらず、戦乱や恐怖にさらされて崩れ落ちるすべての街々にこだまする声と響きあうのではないでしょうか。

破壊の爪痕は余りに深く、もはや誰も、何をもってしても癒やすことができないほどに傷つき（22節、10・19）、倒れ伏した屍の街の様相に、嘆きの共同体は、ひたすら泣くほかないのです。混沌に帰した廃墟を見つめながら、とめどなく流れる涙が涸れることさえ願わないのです（23節。9・9―10、16―21）。

恥の欠如

冒頭の8章4―13節に戻ってみましょう。そこで描かれる「おとめ（娘）なるわが民」の破滅を「手軽に治療して」（11節）、深刻な事態に陥っている現実を認めようとしない者たちの無恥は、これとは対照的と言わざるを得ません。彼らは、外なる視座を喪失したために正しい自己評価も、事態の掌握もできず、羞恥心を失い、嘲笑されていることにさえ気付かなくなってしまっている、というのです（10―12節）。恥ずかしさを感じられなくなる時、人は他者（神、隣人）の存在を忘却し、倫理的な責任を主体的に負うことができない状態に陥ります。滅びをもたらした者も、そこに陥れられた者も。

特に後者に顕著に現れた極端な例ではありますが――

人間の尊厳を奪われ、剝《む》き出しの生を強いられた、現代を象徴する極限状態の中で「善と悪、気高さと卑しさ、精神性と非精神性を区別することのできる意識の領域をもう有していない……よろよろ歩く死体であり、身体機能の束が最終の痙攣《けいれん》をしているにすぎなかった」ような人々（ジャン・アメリー）、「本当に苦しむことができないくらいに既に空っぽになっているため、無言のまま行進し、働く、非―人間たちの絶えず更新されてはいるが常に同一の匿名のかたまり」となって「表情や目に思考の痕跡を読み取ることのできない」「現代の悪を一つのイメージのうちに凝縮」させた「沈んでしまった者たち」（プリーモ・レーヴィ）、恥も外聞も「パッと」剝ぎ取られてしまった人々（原民喜）、一様に「無欲顔貌」となった群集（大田洋子）。――についての諸証言を、強制収容所や都市崩壊を生き延びた人々から私たちは聞いています。

被害と加害の二項対立を超えて、他者（神）の視座の外に生きることを余儀なくされている現代人の根源に横たわる「恥」の問題に目を向けることで、「賢者」「預言者」「祭司」と呼ばれている人たちが、単なる悪人としてよりも、「神の像」を喪失した陳腐で凡庸な存在として私たちの前に立ち現れてくるのです。創造における「神の似姿」に期待されている人格的な応答責任を果たせなくなっている人間の問題がここにあります。

2―6章で述べられてきたテーマの繰り返しとなりますが、「立ち帰ること」を拒み、「背き」「偽り」に固執し、己が行いを恥じて悔い改めることのない姿は、戦場で制御不能に陥って闇雲に突進してゆく馬と重ね合わされます（4―6節）。また旅立つ時を知る渡り鳥とは対照的に、「主の定め」を知らない民が、いかに創造の秩序に逆らった行動をとっているかが際立たせられます（7節）。

旅立ちの時

「主の律法」を手にしていることに己が知恵の確かさを見出していた「賢者」たちにとって、その（掻《か》き抱いている）「律法（トーラー）」自体が虚偽でありうることなど思いもよらないことであったでしょう。前章の「神殿」同様、信仰の拠り所であった「律法」さえも、生ける「主の言葉」の前には絶対ではなく、それをもっていることが知恵を保証するものではないことが告げられます（8―9節）。9章24―25節では、「割礼」も選びの保証とはなりえないことが、割礼を受けている「ユダ」を、受けていない他民族と同列に並べることを通して語られます。さらに「心に割礼のない」「イスラエルの家」は、割礼なき諸民族となんら変わりはないと言われるのです。

秋を迎えて神は旅立ちを促されます（10・17）。これまで固執してきた拠り所（「神殿」「律法」「割礼」など）を一つ一つ手放し、本当に魂にとって必要なものを携えて、新しい一歩を踏みださせるのです。9章22―23節は、読む者に対して、知恵と力と富の追求に人生の究極の価値を置く自己充足的な生き方に別れを告げて、「むしろ、誇る者は、この事を誇るがよい、目覚めてわたし（主）を知ることを」との言葉に導かれるようにして（Ⅰコリント1・31、Ⅱコリント10・17参照）、慈しみと正義と恵みの業を行われる主を知り、み前にへりくだってこの主に倣い、新しい共同体形成的な生き方を目指して歩みださせるのです。

第6章　エレミヤの祈り　（エレミヤ書11—20章）

正しいのは、主よ、あなたです。それでも、わたしはあなたと争い、裁きについて論じたい。なぜ、神に逆らう者の道は栄え、欺く者は皆、安穏に過ごしているのですか。

（12・1）

この章では、11章から20章にかけて登場する「エレミヤの告白」と言われる一連の言葉（11・18—12・6、15・10—21、17・14—18、18・18—23、20・7—13、20・14—18）を取り上げてまいりましょう。

告白、嘆き、そして祈り

ひとつひとつの「告白」が、一人称「わたし」によって語られています。託された神の言葉を「むさぼり食べ」、「喜び」、「楽しみ」とする中で、み言葉が内に血肉化し、「わたしのものとなり」、「（主の）御名をもって呼ばれている者」と言うほどまでにみ言葉を自己同一化している「わたし」（15・16）。本物の味を知っているがゆえに、真偽の違いがわかる者とされ、世の楽しみを去って、何にも代えられない方のみ心で満たされている「わたし」（15・17）。世に敵対され、「木をその実の盛りに滅ぼし、生ける者の地から絶とう。彼の名が再び口にされることはない」（11・19）、「主の名によって預言するな、……死にたくなければ」と脅迫され（11・21）、遅延する神の裁きに「主の言葉はどこへ行ってしまったのか。それを実現させるがよい」と嘲笑《わら》われる「わたし」（17・15）。

神の言葉に誠実に生き、生かされて真実を語ったために、周囲から排斥され、孤独と辛酸をなめ尽くしてきた一人の歴史上の人物エレミヤが、その苦難と理不尽を訴え、神の義をめぐって神と争い、論じようとした自伝的告白として「エレミヤの告白」は聞くことができます。けれども同時に、ここで用いられている語り口を注意深く観察してみると、一個人の味わった苦しみの背後に、信仰共同体が長い歴史を貫いて祈り継いできた「救いを求める祈り（嘆きの詩編）」の響きがあることにも気付かされるのです。誰とは特定されない無数の信仰者たちが、祈りの中の「わたし」に託して祈りの言葉を紡いできた旧約聖書の祈りの系譜に連なるものとして、この一連の言葉は理解することができるのです。

「祈り」として

ちなみに詩編の「救いを求める祈り」は、「神への呼びかけ」（例、詩編13編。2節「主よ」、4節「わたしの神、主よ」）、「苦難の叙述」（2—3節「いつまで……」）、「願い」（4—5節「顧みてわたしに答え、……光を与えてください」）、「信頼の表白」（6節前半「あなたの慈しみに依り頼みます」）、「賛美の誓い」（6節後半「主に向かって歌います」）から成り立っています。その順序や配置は、詩によって独創性とバラエティーに富んでいますが、基本的にこの五つの要素の組み合わせによって構成されています（J・L・メイズ『現代聖書注解　詩編』左近豊訳、日本キリスト教団出版局、二〇〇一年、54—58頁参照）。

旧新約聖書に登場する「祈り」の言葉を幅広く検証、分析し、その神学を論じたプリンストン神学大学院名誉教授のパトリック・ミラーによれば、これらの諸要素は、古代オリエント世界の「祈り」の伝統にも通じるものであるとともに、苦難の淵から神に呼ばわり、礼拝において救いの確証（「救済託宣」。例「恐れるな！」「あなたと共にいる」など）を与えられ、救い出されたことを喜び、感謝してきた聖書の民の、典礼に根ざしたダイナミックな信仰の営みを映し出すものだというのです（『彼らは主に助けを求めて叫んだ――聖書的祈りの様式と神学』未邦訳）。無数の「わたし」が、礼拝において神のみ前に立ち、祈りをささげる中で、祈るべき言葉を見出し、さらにそこで真に必要なものを示されてきたのが旧約聖書のもつ祈りの伝統です。「エレミヤの告白」もそのような礼拝共同体の祈りに連なるものとして共にささげることができるものなのです。

「エレミヤの告白」の中から第五番目の祈り（20・7―13）を例にとって見てみましょう。7節に「主よ」との呼びかけがあります。そして7節後半から10節まで、神との関係、他人との関係、そして自己との関係において味わった「苦難の叙述」がなされます。11節に「しかし主は、恐るべき勇士として、わたしと共にいます」という「信頼の表白」があり、12節で「わたしに見させてください、あなたが彼らに復讐されるのを」との「願い」が述べられ、最後13節で「主に向かって歌い、主を賛美せよ」との「賛美の誓い」が表明されています。

ただし、エレミヤ書を読み継いできた共同体が、その祈りに独自の強調点をもたせているのも事実です。右に紹介した祈り以外の五つの祈りには、「信頼の表白」と「賛美の誓い」に相当するものが欠落しているか、もしくは暗示するに留められているのです。そして、その欠けた部分こそが、信頼と賛美に揺らぎを覚え、祈りがのどにつかえている者たちを祈りへと招くのです。共同体の物語が突如断ち切られてしまった者、それまでの信仰が崩れて疑い迷いの闇夜に恐れたたずむ者、神が人々の嘆きの声に腕をこまぬいたまま、「沈黙」しておられるような気がしている者たちの口に言葉を与え、神に向かって義の貫徹を迫るのです。その荒々しく不遜なほどまでに激しい語り口は、信頼や賛美と並ぶ聖書の民の祈りの特徴です。これまでのエレミヤ書の基調とはうって変わって、世の秩序が混沌に帰した原因をイスラエルの罪や過ちに遡って彼らを叱責するのではなく、むしろ今ある混沌の只中にある喪失と哀しみ、無力感にさいなまれている者と共に祈るのです（W・ブリュッゲマン『古代イスラエルの礼拝』大串肇訳、教文館、二〇〇八年、84頁以下参照）。

祈りをもって生き延びる

「エレミヤの祈り」は聖書の民の祈りの伝統を踏まえつつ、バビロン捕囚という新たな共同体の危機を「祈り」をもって生き延びる道を切り拓きました。捕囚の民は、敵の前を「屠り場に引かれて行く」小羊のごとく（11・19。イザヤ書53章や詩編44・12、23参照）、不当な仕打ち、迫害と辱めに身をやつし（15・10—15）、圧倒的な暴力にさらされて癒やしがたい傷を負い（17・14）、信頼していた近しい者たちから裏切られ（12・6、18・20、20・10など）、正義を踏みにじられ、尊厳を奪われ、辱められ、呪われ、嘲られ、恥を抱えて絶望の淵をさまよっていました。そして彼らにとって切迫した問題は、神がそれを見逃しておられるばかりか、加担しておられるとしか思えないことでした（12・1―2、15・18。ヨブ記9・32、21・7、創世記18・25を参照）。霊的にも神学的にも確かさを見失い、神への信頼は砕け散って「（ずっと信じてきた）神を疑いました」（長崎の被爆者・片岡ツヨさんが浦上天主堂の廃墟を初めて見た際の証言。NBC長崎放送製作ドキュメンタリー『神と原爆――浦上カトリック被爆者の55年』を参照）と言わざるを得なかったのです。地上に生を受けた日を呪うほどまでに労苦と嘆きと恥は深かったのです（15・10、20・14―18。ヨブ記3章も参照）。

そのような時にこそ聖書の民が祈る民であることを、「エレミヤの祈り」は証しします。祈れない者の傍らにあって祈る共同体であることを「エレミヤの祈り」は教えるのです。賛美、感謝、悔悛、告白と共に、魂の奥底から燃え上がる疑念の炎、疼《うず》いて癒えない憎悪、たぎるばかりの毒々しい思い、激烈な痛みと怒り、行き場のない荒々しい思い（18・21―23、11・20、15・15）を携えてでも、神のみ前に立つことへと招くのです。無力さを噛みしめて泣き寝入りするのでもなく、逆に正義を楯にして性急に自らの手で落とし前をつけるのでもなく、神に復讐の時と場を委ねるのです。共同体の存在を根底から揺るがす悪の本当の力を知り、その究極的な解決と正義の回復は神の領域に属するものであることを聖書の民は知っているからです。

「エレミヤの祈り」は絶望の淵に沈んでしまった者たちを招いて、生き延びる道を教えるのです。

第7章　岩を打ち砕く槌のような言葉　(エレミヤ書21―24章)

「みんな引っこしをする時が来たんだよ。とうとう冬が来たんだ。ぼくたちはひとり残らずここからいなくなるんだ。」フレディは悲しくなりました。ここはフレディにとって、居心地のよい夢のような場所だったからです。

(レオ・バスカーリア『葉っぱのフレディ――いのちの旅』みらいなな訳、童話屋、一九九八年)

居心地の良さと訣別して、未だ見ぬ新境地へと旅立とうとする群れに向けて語られた言葉を、21―24章に聞いてまいりましょう。

共同体の分裂

そのとき共同体は割れていました。進むべきか留まるべきか、本来あるべき姿をめぐって対立と混乱のただ中にあったのです。誰の語る、どの言葉が神の真実を反映しているのかを計りかね、激しい論争に加えて、血も流されました。21章では「命の道と死の道」を、24章では「良いいちじくと悪いいちじくの籠」を提示しつつ決断を迫るのです。

本論に入る前に、この箇所の文学的・歴史的文脈について、簡単に触れておきましょう。文学構造的には、この二つの章を枠として、22章に「王に対する言葉」、そして23章に「預言者に対する言葉」が囲い込まれています。

歴史的文脈としては、第一次バビロン捕囚（紀元前五九八―五八八年）以降の状況が考えられます（列王記下24章、エレミヤ書37・1―5、38・1参照）。第一次バビロン捕囚によって連行された同胞（その中には預言者エゼキエルも含まれていました）と共に、異郷（教）の地で生き延びることをみ旨と信ずる者たちと、エルサレムの都に残されたことにこそ神の選びと恵みを見出していた者たちの間には抜き差しならぬ溝がありました。ちなみに後者の多くは、エルサレム崩壊・第二次バビロン捕囚（紀元前五八七年）前後に預言者エレミヤを拉致《らち》してエジプトへと逃亡しました（43章）。故郷を遠く離れた捕囚先バビロンに居を構え、かの地で口を糊《のり》することになる人々（29章を参照）と、エルサレムに残留し、さらに亡命先のエジプトで共同体を形成することになる人々は、双方に異なる正典理解、共同体観、神観を醸成してゆくことになります。現在私たちが手にしているエレミヤ書はそのような分かれ道に差しかかった共同体の激しい論争の渦中で編まれた書物なのです。

命の道への突破

共同体存亡の危機の中で、都に留まった方のゼデキヤ王は、迫り来る脅威になすすべもなく、「主はこれまでのように驚くべき御業を、わたしたちにもしてくださるかもしれません」(21・2)と、救済史を引き合いに出して、その再現による現状維持を希求します(イザヤ書37章が記すように、かつてアッシリア王センナケリブの包囲からエルサレムが解放された。本書36頁参照)。「驚くべき御業」とは、〝出エジプト〟のような奇跡を指しています。ところが、この望みに対して、み業を成し遂げる神は、その「御手を伸ばし、力ある腕」(申命記5・15、26・8、詩編136・12など参照)をもって今回は「お前たちに敵対し、怒り、憤り、激怒して戦う」と告げられるのです(21・5)。さらに徹底的な破壊を「ためらわず、惜しまず、憐れまない」とまで言われます(21・7)。こうした言い回しは、従来はイスラエルの敵を駆逐する「聖戦」の文脈で用いられたものでしたが、ここでの「矛先」は、なんとイスラエルに向けられているのです。

そして21章8節で、人々に対して「命の道と死の道」の選択肢が提示されます(申命記30・

15―20も参照）。さあ、「この都」に留まり続けて都もろとも玉砕するのか、それとも「この都」を〝出エジプト〟のごとくに「出て（脱して）」、過去の軛《くびき》から解き放たれて、バビロンに「降伏し」、捕らわれの身となって生き延びる道を選ぶのか、と（21・9。38・2参照）。逆説に富んだ言い方ですが、ここからさらなる逆転が用意されていることを読者は知らされるのです。敗北に見える「命の道」が、イスラエルにとっての救いの原点であったモーセの〝出エジプト〟をさえも凌駕する「新しい出エジプト」（23・7―8、16・14―15）へと続いていることを。人の目には未来が潰《つい》えているとしか見えない道行きが、神によって驚くべき仕方で突破されてゆくことを。

上書きされた心

さらに21章と共に枠をなす24章には「良いいちじくと悪いいちじくの籠」の幻が登場します。懐かしの都を後にして不案内な異教の地で不安と悲哀と辛酸をなめている、寄る辺なき捕囚の群れをこそ「良いいちじく」であると神は「見なして、恵みを与えよう」と言われます。人間の目には「良いいちじく」とは、到底映らないものでも、神はそのように見なしてくださり（申命記7・6―7、Iコリント1・26―27など参照）、目を留めて「恵みを与え」、「建てて、倒さず、植えて、抜くことはない」との回復を告げられるのです（6節。1・10参照）。さらに畳みかけるように、主を知り、主に立ち帰る「心」を新たに「与える」と続きます（7節。31・31参照）。「心」を清め正すことを迫られながらも（4・4、14など）、み許に立ち帰る「心」を整えることができなかった者たちに向けて、今あるがままの姿でいいと言われたのではなく、全く新しい心を神は上書きしてくださり、契約を結び直してくださるというのです（「彼らはわたしの民となり……」は契約用語です）。神を知り、立ち帰る信仰は、ただ神からいただく恵みの賜物なのです（7節）。

他方、エルサレムに留まり、エジプトに亡命した人々は、食べられない「非常に悪いいちじく」であるとされ（8節。29・16―19参照）、その記述の後には耳を塞ぎたくなるような呪いと滅びの言葉が続きます（9―10節。申命記28・37参照）。ここに、「良いいちじく」と袂《たもと》を分かったもう一方の群れに対して峻厳な裁きを下される神が証しされています。この言葉は、単に共同体内の対立する相手のグループを断罪するためではなく、むしろより深刻な、共同体の深層に巣食っている固有の物語、神話、イデオロギーのようなものとの闘いを背景とするものなのです。それらとの闘いなしには決定的な一歩を踏み出すことができないからです。このことを鮮明に示すのが23章の「預言者に対する言葉」です。

偽預言者はどっちだ？

今耳に届いているこの言葉は、真実に神の言葉なのか、それとも虚偽なのか？　他の聖書箇所とも呼応し、あるいは引用して語られる「預言」であってもその言葉が偽りである場合もあるのです。

23章16節以下を紐解いてみましょう。エレミヤ書において「聞いてはならない」と言われている預言として、「平和（シャローム）」を告げ、「災い」が今のあなたに「来ることはない」（17節）、そして神は近き助けであり、共にいます方というものがありました（23・23参照）。確かにイザヤ書37章が証しする神は都を守り、災いを来らせない方でした。申命記4章7節には「いつ呼び求めても、近くにおられる我々の神、主」、詩編46編でも「神はわれらの避け所、また力なり　なやめるときの最近《いと》き助なり」「（万軍の）エホバはわれらと偕《とも》なり」（文語訳）とあります。けれどもエレミヤ書で神は問われます、「ただ近くにいます神なのか、このわたしは、と主は言われる。むしろ遠くにいます神ではないのか？」（23節、私訳）と。

イザヤ書や詩編の描く神の像が偽りだというのでは決してないのです。問題は、「自分の心の幻」（16節）、「夢」（25―28、30―32節）を語るために「（神の）言葉を盗み」（30節）、勝手に自分の言葉を「『託宣』と称する」預言者たちの神学的無頓着、思想的無節操でした（31、33―40

節）。すべてを包み込むような居心地の良い、夢のような場所――でも本当は滅びの場所――へと「むなしい望みを抱かせ」る預言者の幻に対して「火」のように「岩を打ち砕く槌」のように神の言葉は闘いを挑むのです（16、29節）。

さて旧約聖書においては、預言の真正性の要件として、語る者が、ただみ言葉を託されているだけでなく、「天上の会議」（詩編82編、89・6―7、ヨブ記1―2章など参照）に連なっているかがまず問われます（18―22節）。イザヤの場合にも言えることです（イザヤ書6章）。天上の会議に参加するとは、居並ぶ神々の中にあって至高にして聖なる神のみ前に立つ畏れと滅びの体験と言えるかもしれません（ルカ5・8でのペトロの姿も参照）。それゆえに「天上の会議」を経た預言は、人々を悔い改めへと導く言葉なのです（22節）。

列王記上22章に出てくる預言者ミカヤの話は、一筋縄ではいかない「預言」のあり方について触れていて非常に興味深いものですので、是非お読みください。そこでは、偽預言者も神からの言葉を語ってはいるのです。けれども、その口に偽りの言葉を託す決定が「天上の会議」で下されたことを知っているかどうかが真偽の分かれ目になっています。

次にあげられるのは、申命記18章15節以下にあるように、預言者の言葉の真偽は、歴史が明らかにするということです。共同体の歴史、救済史の中で預言と成就はダイナミックに展開してゆくものなのです。

そして三つ目にあげられるのは、その言葉がモーセ伝承（トーラー）と調和しているかという観点です。申命記13章1節以下によれば、偽預言でも成就してしまうことがありえるのです。エレミヤ書において偽預言者が誇り、エレミヤが苦悩するのは、このためです。そのような時に拠るべき規範は、モーセの伝承となるのです。

これらの条件を満たしたからといって真偽が決するものではありませんが、エレミヤ書は岐路に立つ共同体に向けて、語られ、聞かれる言葉を慎重に基準に照らして吟味し、畏れをもってみ前にへりくだり、わが内なる幻と神の生けるみ言葉を峻別する真剣な闘いへと招き入れるのです。進むべき道は険しくとも、「命の道」は驚くべきみ業へと開かれてゆくことを示しながら。

説教　「遠くからの神」

（エレミヤ書23章、エフェソの信徒への手紙４章７―16節）

預言者エレミヤを通して神は問いかけられます。「ただ近くにいる神なのか」と（エレミヤ書23・23）。この問いにはやや否定的な響きがあります。

ただ、聖書の神は、確かに「近くにいます神」であり、インマヌエル、神われらと共にいます方であることを、預言者イザヤも語ってきました。この預言が成就したことを新約聖書も証ししています。クリスマスにおいて私たちの神は、人となって私たちの間に宿り、貧しき憂い、生きる悩みをつぶさになめ、虐げられた人を訪ね、友なきものの友となり、すべてのものを与え尽くした末に、死のほか何も与えられず、十字架の上に挙げられてなお、敵のゆるしを告げた方であることを、徹頭徹尾私たちに伴ってくださる方であることを、教会は告白し、賛美してきたことは確かです（『讃美歌21』280番「馬槽のなかに」参照）。

　神が共にいますことが最も明らかになる時と場は、まさに礼拝です。聖書では、特に詩編にあるシオンの歌は、聖なる場にあって神が臨在される喜びを歌っています。詩編の46編では「神はわたしたちの避けどころ、わたしたちの砦。苦難のとき、必ずそこにいまして助けてくださる。……神はその中にいまし、都は揺らぐことがない」。「夜明けとともに、神は助けをお与えになる」、と歌われます。また礼拝に集う慰めと憧れを歌う詩編84編でも「万軍の主よ、あなたのいますところは、どれほど愛されていることでしょう」と賛美します。詩編23編の最後でも「主の家にわたしは帰り、生涯、そこにとどまるであろう」と歌われていることからも、神のいます礼拝の場所が平安と憩いの場であることが示されます。

　ただし、ここで大事なことは、礼拝される神が、ただ単にその場所に宿っているだけではないということです。受け身に尊崇される対象、崇められるだけの存在ではなく、礼拝の場に静かに鎮座まします方ではなく、むしろ激しいみ業によって主の家の平安、静寂を保っておられる方だということです。詩編23編の最後の安らぎには「恵みと慈しみはいつもわたしを追う」という神の働きがあるのです。詩編46編もただ神がそこにおられるだけでなく、「地が姿を変え、山々が揺らいで海の中に移り」、国々が騒ぎたち揺らぐような危機のただ中にあっても、

「この地を圧倒される。地の果てまで、戦いを断ち、弓を砕き槍を折り、盾を焼き払われ」る方であり、平和を来らせるために諸々の力と対峙し、独り戦われる方だということを証しするのです。

神が共にいますことを賛美する信仰は、確かに聖書に根ざしたものと言えます。ではエレミヤ書を通して神は何を問うているのでしょう。それは「わたしは、ただ近くにいる神なのか？」という問いです。この問いを思いめぐらしていた時、数年前に翻訳に関わったブルッゲマンの『聖書は語りかける』（左近豊訳、日本キリスト教団出版局、二〇一一年）の中にこのような一文があったことを思い出しました。

このような〔「ただ近くにいます」〕神の臨在の考え方は問題をはらんでおり、聖書自身も、このような確証のもつ危険性に気づいていないわけではありません。宗教というものには往々にして主の存在を飼いならし、無難な崇拝対象へと矮小化しようとする傾向がありま す。

（95頁。〔　〕内は引用者の加筆）

宗教によって神は神殿や拝礼の場所に封じ込められ、人は、そうした場所に行きさえすれば、いつでも神を呼び出すことができるという思い違いをしてしまいがちである、と。そこで列王記にあるソロモンの祈りを見るようにとブルッゲマンは促すのです。神の住まいとして神殿を建立し、奉献する際にソロモン自身がこう祈ったと。「神は果たして地上にお住まいになるでしょうか。天も、天の天もあなたをお納めすることができません。わたしが建てたこの神殿など、なおふさわしくありません」（列王記上８・27）。

神を単に私たちと共におられる方としてのみ理解しようとするのは、宗教のもつ誘惑です。その誘惑を断ち切るように聖書は、御座を離れ、生きて語りかけ、働かれる神を証しします。ただ単に共に宿ってくださり、近くにいてくださるだけでない、静謐なる臨在と共に、自由で激しいみ業をなさる生ける神、それも寄る辺なく、絶望の淵で無力感にさいなまれている者の嘆きに応えて天を裂いて降《くだ》ってこられる神（詩編113編）を証しするのです。

「わたしはただ近くにいる神なのか？」との問いは、インマヌエルの神がいかにして私たちの間に宿り、共にいますかを改めて思い起こさせてくれる恵みの問いなのです。「遠くからの神ではないのか？」――実にそうなのだ、と。本来私たちの限りある地上の器にお納めなどできない方が、天をも地をも満たしておられる方が、あえて身を投じて、神と等しい者であることに固執されず、かえって己を無にして、僕《しもべ》の身分になり、人間と同じ姿になられた。へりくだって死に至るまで、それも十字架の死に至るまでご自身を小さくされた（フィリピ2・6―11）。すなわち本来はありえない方が、奇蹟的に共にいます方なのだ、ということに気づかされるのです。

そして「遠くから」には空間的な距離と同時に時間的な長さも含意されていますので、「今、ここで」出会われる神であるだけでなく、神が、信仰共同体の歴史、そして世界の歴史を貫いて、天地創造の昔より救いの歴史に到来される方であるということを示すのです。さらにこの方は、私たちの世界が空間的に包含できる範疇を遙かに超えておられるだけでなく、未だ知られざる未来のみ業も含んだ時間的に未知なる領域にまで及ぶ方でもあることを示すのです。

フォン・ラートという旧約聖書の研究者は「本当に正しい神の知識は、神の未知（未だ知られていない神）を認識することから始まる」と述べました。終わりの日にはすべてが明らかになるけれど、それまでは隠されている奥義を知り、未知に留まり、委ねる信仰、内在しつつも超越した神との出会いに生きること、それは、逆にこの神の前にあっては限りある時間の中を生きる私たちには隠れたところがなくなるということであります。天地に影を落とす闇がなくなる、神いまさぬ所が、神の介在しない歴史がなくなるということであります。

詩編139編にもありましたが、「その驚くべき知識はわたしを超え、あまりにも高くて到達できない」。この神を前にして「どこに行けば、あなたの霊から離れることができよう。どこに逃れれば、御顔を避けることができよう。天に登ろうとも、あなたはそこにいまし、陰府に身を横たえようとも、見よ、あなたはそこにいます」。そしてエレミヤも「誰かが隠れ場に身を隠したなら、わたしは彼を見つけられないと言うのか」（23・24）と問われます。これは読みようによっては、監視下に置かれた囚人の言葉のようにも読むことができます。けれども、聖書の信仰を生きる者にとって、それが実は最も深い慰めとなることを、森有正はこんな言い方で表現しています。「アブラハムの信仰」という講演の中で語られたものです（『土の器に』日本キリスト教団出版局、一九七六年、21―22頁）。

人間というものは、どうしても人に知らせることのできない心の一隅を持っております。醜い考えがありますし、また秘密の考えがあります。またひそかな欲望がありますし、恥がありますし、どうも他人に知らせることのできないある心の一隅というものがあり、そういう場所でアブラハムは神様にお眼にかかっている。そこでしか神様にお眼にかかる場所は人間にはない。人間がだれはばからずしゃべることのできる、観念や思想や道徳や、そういうところで人間はだれも神様に会うことはできない。人にも言えず親にも言えず、先生にも言えず、自分だけで悩んでいる、また恥じている、そこでしか人間は神様に会うことはできない。

平静を装った表情の陰に、激しい怒りと醜悪な憎しみを抑え込みながら、忘れた振りをして生きる陰に、深く疼《うず》く、負わされた傷の鈍い痛み。それを湛《たた》えながら、誰も入らせない、神さえ拒絶するような、自分一人で恥じている物陰に、本当の孤独の淵に、罪と死の果てにある、醜悪の極みに、聖なる方が降《くだ》って来られる。死を滅ぼし、罪を贖い、孤独を癒やし、恥をそそぎ、痛みを身に負い、憎しみに裂かれ、怒りに血を流して、インマヌエル――神共にいます――を貫かれたこの方の前に、もはや私たちは隠れ場に身を隠す必要はなく、そこから贖い出されて、新たなる命となすべき務めが与えられていることを聖書は告げているのです。

エフェソの信徒への手紙4章8節には、詩編68編19節の言葉が手紙の書き手による解釈を加えて引用されています。キリストが低きに降られて、世の果てなる大地に身を横たえられた。そしてこの降って来られた方が、もろもろの天にある者であれ、地にある者であれ、あらゆる力と権威を従えて、天を超えてさらなる高みにまで昇られ、凱旋された。その姿を通して、もはや天にも地にも、あらゆる場所と時を歩み通されたこの方の前には隠されたところはどこにもないこと、すべての場所と時がキリストで満たされたことがエフェソ書のこの箇所では証しされるのです。エレミヤ書を通して語られた神の奥義がキリストによってはっきりと啓示された、とこの手紙は告げるのです。

福音はここで終わらないのです。救済は聖化をもたらすのです。救われた者は救いに生かされた新しい務めを与えられるのです。死から贖われた者は新しい命に生きる者とされるのです。キリストの救いに接ぎ木された枝は、豊かな実を結ぶ者とされていく。一人一人に相応しい仕方で恵みの賜物が分け与えられているのですから。

旧約聖書で証しされたように、近きにいますインマヌエルであるだけでなく、遠くから歴史を貫いて戦士として私たちのために戦われる父なる神には、内在と超越の救いの奥義がある。その父なる神は、隠されたみ業によって、全地に満ち満ちておられながら、同時に肉体をとって人となられた子なるキリストにおいて完全に啓示される。そして、その御子であるキリストを頭《かしら》とする主のみ体なる教会は、歴史の中を、終わりの日に向かって、聖霊の働きによって、キリストの満ち溢れる豊かさに至るまで成長してゆく。時間的には未知なる領域の中を、頭であるキリストに向かって成長してゆく、と語られるのです（エフェソ4・13―15参照）。実に私たち一人一人が壮大な創造主なる神のみ業に連ねられています。この恵みに生きる群れとされていることを覚えながら、エフェソの教会に語られた言葉をもう一度聞きましょう。

愛に根ざして真理を語り、あらゆる面で、頭であるキリストに向かって成長していきます。キリストにより、体全体は、あらゆる節々が補い合うことによってしっかり組み合わされ、結び合わされて、おのおのの部分は分に応じて働いて体を成長させ、自ら愛によって造り上げられてゆくのです。

（エフェソ4・15―16）

説教「置かれた場所」

（エレミヤ書29章、ルカによる福音書17章20―21節）

私たちはこのように日常が瞬間的に無くなり、下着の着替えも無く、呆然とし、連れられるままにバラバラになりました。まさか東京に来て生活するとは思いませんでした。あの人この人にも会うこともできません。震災に遭った地域の中でも私たちの地域だけは入ることもできず、家に帰ったら罰金とさえ言われ、何もできません。復興に向かうことができないのです。落ち込まないのがおかしいのではないでしょうか。しかもこの状況がいつまで続くかも分からないのです。

（佐藤彰『流浪の教会』いのちのことば社、二〇一一年）

これは、福島第一聖書バプテスト教会の佐藤彰牧師が二〇一一年のイースターに語られた説教の一部です。福島第一原子力発電所のすぐそばにあったこの教会は、東日本大震災の後、避難を余儀なくされます。文字通り着の身着のままで故郷を追われ、教会員共々、避難所から避難所、受け入れ先を探して各地を転々としながら東京の奥多摩福音の家にたどり着いて、そこで二年近く共同生活しながら礼拝をささげました。

日常が瞬時に失われ、下着もなく、呆然とし、連れられるままバラバラにされ、なじみのない土地に住む、それもいつまで続くかわからない中で。佐藤牧師、そして教会のメンバーは教会のたどった流浪の旅を、旧約聖書の民の歩みに重ねあわせて語ります。大洪水の中にあるノアの箱舟に擬《なぞら》え、またモーセに率いられた出エジプトの出来事、詩編121編の目を上げて助けを求め、旅する詩人の信仰に重ねて、教会の旅を聖書の信仰に掘り下げて受けとめてこられたのです。それは、故郷を追われた福島の教会のたどった道筋が、聖書の民の歩みに他ならないことを証ししています。この一つの教会の群れのたどってきた、寄留者としての、そして旅する群れとしての歩みを通して、私たちもまた本来は流浪の民であり、この世にあっては旅人であり、寄留者であり、故郷を喪失して天の故郷を見上げて旅する神の民であることを今一度深く思い起こしたいのです。

エレミヤ書29章は、故郷を遠く離れて、不本意に見知らぬ土地に住むことを余儀なくされた人たちにあてられた手紙です。目の前で故郷が崩れてゆくのを見させられ、何十年と住み慣れた街の付き合いも隣近所も根こそぎにされ、バラバラにされて、見ず知らずの土地へと捕らえ移され、妻は夫を失い、親は子を失い、子は親と引き裂かれ、家族も共同体も切り裂かれるようにして異教の地へと捕らえ移されたのがバビロン捕囚でした。それは二回に分けて行われたと記録されています。紀元前五九八年にまず王や国の要職にある人たち、そして職人やエンジニアが連れ去られ、続いて前五八七年にはエルサレムの街全体が徹底的に焼き尽くされて、幼児や母親、妊婦、高齢者や病人を除く、労働力と目される人たちがバビロンへと捕らえ移されました。

全く未知の土地で、生活習慣も社会通念もなじみがなく、近所付き合いも失われて、置かれたところは不本意で、思い出ばかりが浮かんでは、今を惨めにしていた。

ミリオンセラーになった渡辺和子さんの『置かれた場所で咲きなさい』（幻冬舎、二〇一二年）を読んだ方もおられるかもしれません。見ず知らずの地、岡山の大学に遣わされて不平不満が渦巻き、こんなはずではなかったという思い、かつて想像していたものとはあまりにかけ離れている現実の自分の姿。そして謂《い》われない風当たりを受ける立場に置かれ、不本意な環境を恨んで生きていた渡辺先生が、一人の宣教師から「置かれた場所で咲きなさい」「咲くということは、仕方がないと諦めることではありません。それは自分が笑顔で幸せに生き、周囲の人々も幸せにすることによって、神が、あなたをここにお植えになったのは間違いでなかったと、証明すること」という言葉をもらって変えられていった体験が記されています。

渡辺先生の生涯は壮絶なものでありますが、この岡山での体験は、先生にとっての一つのバビロン捕囚であったと思うのです。私たち一人一人もそれぞれのバビロン捕囚を生きなければならない時がありますし、あるいは今そのただ中にあるという方もおられるでしょう。私もそうです。渡辺先生の書物がベストセラーになるということは、日本社会で多くの方々が、たとえ住所は変わらず同じ場所にあったとしても、今置かれている状況に切なさを覚え、魂の置き所が定まらず、どこか生きることに違和感を抱えて生きていることを示しているようにも感じるのです。特に東日本大震災以降、どんなに目を背けたくても、どんなに何か別の未来に夢を託そうとも、私たちの立っている場所は、もはやそれ以前とは違ってしまったことは動かしようのない現実です。東京にいながらも、国分寺にいながらも、私たちはバビロン捕囚を生きる聖書の民の直面した現実を生きるということがあります。

しかしエレミヤは手紙で語りかけます。今あなたのいるバビロンで、「家を建てて住み、園に果樹を植えてその実を食べなさい。妻をめとり、息子、娘をもうけ、息子には嫁をとり、娘は嫁がせて、息子、娘を産ませるように。そちらで」（29・5―6）と。これはもちろん人間の努力や心の持ち方を変えて自己変革すれば幸せになれる、と言っているのではありません。建て、植え、人を生かし、人を形づくり、そして産み増やすのは、神の祝福の中にあることなのです。バビロン捕囚にあった人たちは絶望の極みで聞いたと考えられています。天地創造の時、混沌を裂いて、言葉をもって世界そして人間を創造された神が、造られたものを「産めよ、増えよ」と祝福されたことを。創造以前の混沌とも言える、あなたが置かれた地獄のような場所はあなたの力でどうなるものでもないが、神はそこを祝福の満ちる場所とされるのだ、ということを。だからエレミヤは続けて祈ることを勧めるのです。「あなたたちを捕囚として送った町の平安を求め、その町のために主に祈りなさい。その町の平安があってこそ、あなたたちにも平安があるのだから」（29・7）と。バビロンのために祈れ、敵のために、災いではなく平安を、シャロームを祈れ、と。

あなたの置かれている地獄のような日常や、混沌とした現実を忌避し、呪うのではなく、シャロームを祈る――それは、今置かれている境遇を自らの力と思いでシャロームに変えなさい、ということではないのです。心の持ちようで違って見えてくるという程度でもないのです。日々辱められ、軽蔑され、そしられる。祈れるものかと思う中にあって、その場所の、その町のシャロームを、平安を祈る。なぜならば、エレミヤの手紙においてその町は、「わたしが（神が）、あなたたちを捕囚として送った町」だから。そのため、先ほどの「町の平安を求め、その町のために主に祈りなさい」は、その町のために、その神を知らない町のために、そこでこそ主を礼拝しなさい、と訳すことができるのです。礼拝は極限状態の闇の中でさえそこに神います限り、なされるものなのだ、と。

そのことを、先に紹介しました福島第一聖書バプテスト教会の佐藤先生が、被災して最初の礼拝で、大震災の半年前に起きたチリの落盤事故の出来事を例に話されているのを読みました。

「地下七〇〇メートルに閉じ込められたにもかかわらず、一人残らず死なないで引き上げられました。あの時オマールさんという方が聖書を手に持って、カプセルでスーッと上がって来ました。彼は熱心なクリスチャンでした。それで私は納得しました。地下七〇〇メートルで、皆がイライラして、けんかを始め、そして皮膚病にどんどん侵されていく。地鳴りもします。もう一回落盤があったら、死んでしまうので、それはそれはおそろしかったと思います。そういう極限の状態で彼らは礼拝を始めました。今日の私たちみたいにです。とにかく聖書を開き、お祈りをし、私たちは心の中の咎を全部告白して、咎を赦す神さまに赦してもらおうではないか、と。そして互いに力を合わせ、この難局を乗り切ろう、と。極限状態を聖書と信仰で彼らは乗り切ったのです。……それは遠い世界のことだと思っていましたら、まさか、私たちの地域がこんなことになるなんて。地震が起こり、津波が来て、原発事故があって、その瞬間に教会が閉じてしまった。教会員が強制的にいろいろなところに雲散霧消したようです。今私たちがたどっている道は、地下七〇〇メートルのチリの落盤と、似ているかもしれません。（そのような）思いでこのように礼拝をしています」と。

私たちが置かれた、それぞれのバビロンで平安を求める。主をそこで礼拝する。ここで大事なことは、平安、シャロームが私たちの努力や私たちの思いの中から生じるものではない、ということです。これは神からの賜物なのだとエレミヤは語ります。29章10節以下で手紙はこう続けます。「主はこう言われる。バビロンに七十年の時が満ちたなら、わたしはあなたたちを顧みる。わたしは恵みの約束を果たし、あなたたちをこの地に連れ戻す。わたしは、あなたたちのために立てた計画をよく心に留めている、と主は言われる。それは平和（シャローム）の計画であって、災いの計画ではない。将来と希望を与えるものである」、と。

七〇年の時が満ちる、それは世代がすっかり入れ替わる時間の長さと言えるでしょう。ひとつの世代を超えた先にある神の計画を、遙かに望み見て生きる。その計画は、「よく心に留めている、あなたたちのために立てた計画」、文字通りには「あなたたちを思い続けて立てられた計画」だと言われます。災いではなく平安、シャロームの計画、すなわち、あなたがたに未来と望みを与える平安の計画である、と。

絶望の淵で、光の届かぬ地の底で、捕囚の辱めの中にあるその町で、故郷を追われて旅する群れの旅先で——私たち一人一人の日々の中にあって置かれた所で——その所のために平安を祈り、そこで主を礼拝する。その祈り、その礼拝は、私たちを思い続け、心に留め続ける神の計画の内にあり、平安の賜物に満たされる時の中にあることを、エレミヤはこの手紙で語っています。

そしてエレミヤは続けて語ります。「あなたたちがわたしを呼び、来て、祈り求め、尋ね求め、見出し、心を尽くして求める」（29・12—13、私訳）、と。これはまさに礼拝です。その礼拝の中心で神は聞かれ、出会われる、と。

その礼拝において私たちは、この世はみな神の世界、神が支配される所であるとの賛美を心からささげるものとなることでしょう。『讃美歌21』361番（「この世はみな」）は、日本語版では三節までですが元の英語の賛美歌（This is my Father's world）は一六節まであり、原詞の一部を訳してみるとこのような言葉になります。

ここはわが父なる神の世界。ただ一人荒野を行く時も、燃える柴の中に妙なるみ栄を示される。ここはわが父なる神の世界、さまよいまどう我なれど、何がこの先、待ち受けていようとも、わが心は揺らぐことなく安んじてあり。

「実に神の国は、あなたがたの間にあるのだ」（ルカ17・21）と言われた主は、実に神の創造の初めより、私たち人間の救いの計画を全うするべく、人となられ、私たちの間に宿り、死んだら終わりであった私たちの究極的な絶望、そして罪を滅ぼして復活されました。そして私たちの間で新しい未来と希望の命の約束となられたのです。神の国はここにある、あそこにあると言えるものではない。それはここにあるけれどあそこにはない、あそこにはあるけれどここにはない、などと言うことができないほどに、私たちの置かれたいかなる所であろうとも、主イエスの名を呼び、祈り、尋ね、礼拝する者が聖霊によって召し集められ、集うならば、そこで私たちは父なる神の世界に生きる者とされるのです。

第８章　慰めの書　（エレミヤ書30—31章）

見よ、わたしがイスラエルの家、ユダの家と新しい契約を結ぶ日が来る、と主は言われる。
（31・31）

日本語の「新しい」には、元来、値打ちの高いもの、相当な価値のあるものへの感嘆、「もったいない」という思いが込められていたと言われます（大野晋『日本語の年輪』新潮文庫、一九六六年より）。わくわくするような喜び、充溢するいのちへの憧れを喚起しつつ、触れることへのためらいと恥じらい、そして畏れさえも引き起こすような「新しさ」。クリスマスの夜に、ベツレヘムの家畜小屋に招かれた者たち、暗闇を歩む民の慰めを待ち望んだ末に幼子を腕に抱いた者、幼子の誕生に不安を抱いた者たちは、低きに降《くだ》られた御子の「とうとき貧しさ」（『讃美歌21』256番5節）に現された「新しさ」との出会いを証ししています。

「新しい歌」「新しい天と地」「新しい心」「新しい名」「新しいこと」……。崩壊した古き世界の記憶を引きずる捕囚の民のただ中で、イザヤが告げ、エゼキエルが語り、エレミヤが仰ぎ見た「新しさ」は、「疲れた魂を潤し、衰えた魂に力を満たす」（31・25）ものでした。

この章で取り上げるエレミヤ書30―31章は、「慰めの書（巻物）」とも呼ばれてきた箇所です。エレミヤ書のこれまでの調子とはうって変わって、「慰めよ、わたしの民を慰めよ」とねんごろに心に語りかけるイザヤ書40章以下や、「見よ、カタカタと音を立てて、骨と骨とが近づいた」「霊が彼らの中に入り、彼らは生き返って自分の足で立った」と共同体の回復の希望を語るエゼキエル書37章の響きを聞くかのようです。

この「慰めの巻物」に一つ残らず書き記されるべき言葉とは、共同体の土地と繁栄の回復（30・2―3、18―24）であり、救済の告知（30・8―11）でした。エレミヤ書の前半では偽預言者の言葉として退けられていたような「お前の首から軛《くびき》を砕き、縄目を解く」「恐れるな」「おののくな」「見よ、わたしはお前を遠い地から、お前の子孫を捕囚の地から救い出す」「わたしがお前と共にいて救う」といった言葉が次々に語られます。

ただし、この回復と救いを告げる言葉が、救い出されるべき場の悲惨をも照らし出します。

4―7節では、戦慄、恐怖、そして勇者が陣痛のごとき苦しみに悶えながら、結局は何も産み出すことのなかった徒労と苦悩を抱えている様が描かれます（6・24―26も参照）。12―17節では、癒えず、つける薬も治療法もない傷と七転八倒の痛みを抱え（8・22、10・19参照）、しかも見捨てられ、追放され、誰からも見向きもされない人の姿に託しつつ、共同体の孤高が浮き彫りにされます。さらにヘブライ語聖書では14節と15節にある「お前の悪が甚だしく、罪がおびただしいので」を囲い込むようにして、主が一人称で「わたしがあなたを打ちのめした、過酷なこらしめをもって」（14節、私訳）、「わたしがこれらのことをあなたにした」（15節、私訳）と語ります。膿み爛《ただ》れ癒えることなく痛む傷を抱えて叫ぶ者への罪責の告知と神の関与が、絶望と傷を深めます。

逆回転しはじめる歯車

ところが30章16節の冒頭に驚くべき逆説が潜んでいるのです。「それゆえ」。この接続詞は通常、前段を受けて順接的に繋げてゆく性格のものであり、本来ならば裁きが語られるはずですが、その予期を見事に裏切って逆転が起こります。懲らす神が一転して救う神へ、打ちのめす方が急転直下、癒す方へと転じるのです。31章でも「散らした方」が「集め、守られる」方へ

（31・10）、「抜き、壊し、破壊し、滅ぼし、災いをもたらそうと見張って」その通りに実現された方が今や「建て、また植えようと見張っている」方へと転じるのです（31・28。1・11―12「見張っている」参照）。

ここにイスラエルの救済劇の幕が切って落とされるのです。食い尽くすものが食い尽くされ、強奪するものは強奪され、忌避と忘却からの回復が告げられます（30・16―17。14節参照）。30章22節には典型的な契約定式が登場し、それが31章1節、33節へと展開してゆきます。

確かだと思ってきたものがことごとく崩れ去り、寄る辺なき身の頼る方さえも見失って、止まることを知らない滑落感にさいなまれている人たちに向けて告げられる、「あなたたちはわたしの民となり、わたしはあなたたちの神となる」。その聖なる契約によって人々は神と再び堅く繋ぎ留められるのです。かつてアッシリアによって滅ぼされ、散らされた北王国イスラエル（エフライム）の同胞も含めて（3・18）、四散していたあらゆる「部族」が一つの新しい「民」へと形成されてゆく。歯車は驚くべき仕方で逆回転しはじめるのです。

31章4―6節にかけて「再び」が三度繰り返され、「建てる」「植える」という、共同体の回復と、未だ知られざる新しさを来らせる神の壮大なみ業を告げる希望の言葉が出てきます。絶えて久しかった宴の響き（7・34、16・9、25・10、33・11など）が巷に戻り、かつて「北」からの災いを知らせた「エフライムの山」の見張り（4・15―16）は、エルサレムへの巡礼を呼びかけます。灰燼《かいじん》に帰した神殿が再建されたことを暗示しながら。

散り散りにされた共同体は、「北」及び「地の果て」（6・22）から神ご自身によって連れ戻され、呼び集められ、諸国民によって軽んじられた者たちが神の目に価高いものとされ、神が「羊飼い」「父」となって「大いなる会衆となって」導かれる様が描かれます（31・8―10。イザヤ書35・3―6、40・11や43・5―7など参照）。その際に主は、高価な代償を払って彼らを「贖われる」のです（31・11）。ここに「新しい」共同体の始まりを見ることができます。

さらに詩編30編と呼応するようにして「嘆きは喜びに変え」られ、悲しみに変えて喜び祝うものとされます（31・13）。慰めを拒むほどの悲嘆に暮れた母ラケルにも、主は語りかけられます。「泣きやむがよい。目から涙をぬぐいなさい」と（31・15―16。イザヤ書25・8、黙示録7・17、21・4）。苦しみは報いられ、未来には希望があるから、と。「母」の嘆きへの神の応答に続いて、失われた息子の悔い改めの言葉が登場します（31・18―19）。彼は願います「どうかわたしを立ち帰らせてください。わたしは立ち帰ります。あなたは主、わたしの神です」と。神の主導される逆転の歯車はついに、かたくなに閉ざされ石のように凍りついた心さえも変えてゆくのです。

「荒れ野」にもマナを降らせ恵みを与えられた神（31・2。出エジプト記16・12、エレミヤ書2・2参照）を人々が見出す時、今を取り巻く荒れ野のような「捕囚」の現実も神の恩寵から切り捨てられていないことに気付かされるのです。これまでエレミヤ書で聞いてきた、神の激しい怒りと拒絶を伴う言葉に対して、「とこしえの愛をもってあなたを愛し、変わることなく慈しみを注ぐ」（31・3）との言葉は、不協和音を醸し、矛盾するようにも聞こえますが、エレミヤ書を貫く「抜き、壊し、滅ぼし、破壊し」「建て、植える」み業の緊張関係にあって、神の熱情がほとばしるのです。

31章20節を見てみましょう。大事な、愛する子を、その罪のゆえに懲らしめ退けるたびに（原文では「彼のことを語るたびに」）、神の内なる心は張り裂けんばかりに震え、高鳴り、わななないたとあります。同じ節にある「心に留める（思い起こす）」と「憐れむ」という二つの動詞（これらは不定詞を伴う強調構文で書かれています）、それら神の熱きパトスに挟まれるようにして、文語訳が「我腸《わがはらわた》痛む」と訳出し、北森嘉蔵『神の痛みの神学』が着想を得た、「わたしの腸は彼のゆえにもだえ」（私訳）という一文が出てくるのです。

新しい契約

31章31―34節は旧約聖書中、唯一「新しい契約（新約）」という言葉が登場することもあって、エレミヤ書の中で最も注目を集めてきた箇所と言えるでしょう。ただし、この部分だけを切り離し、抜き出して理解するのではなく、置かれた文脈に即して読んでゆくことが求められます。そうしますと、「新しい契約」は、破棄された古い契約の下にあった共同体の崩壊を決定的にすると同時に、神が滅びの坂を加速度的に転げ落ちる民を決して見捨てられず、熱き思いをもって歯車の回転を逆転させ、一方的に贖い出し、これによって全く新しい仕方でご自分と結び合わされた新しい共同体を「建て、植える」み業の啓示であることがわかります。

第9章　神にできないことは一つもない　（エレミヤ書32―33章）

わかっているのは「死ねばいい」と誰かに思われたということ。思われたのに生き延びているということ。そしていちばん怖いのは、あれ以来、本当にそう思われても仕方のない人間に自分がなってしまったことに、自分で時々気づいてしまうことだ。……お前の住む世界はそっちではないと誰かが言っている。八月六日、何人見殺しにしたかわからない。……しあわせだと思うたび、美しいと思うたび、愛しかった都市のすべてを、人のすべてを思い出し、すべて失った日に引きずり戻される。お前の住む世界はここではないと誰かの声がする。

（こうの史代『夕凪の街　桜の国』双葉社、二〇〇四年。引用に際し句読点を補った）

崩壊を必死に生き延びた人たちは、身体だけでなく、心と魂にも深い後遺症を負ってきました。隣人を見捨てて生きながらえたことへの罪責がのしかかり、破壊者の意図と力と言説に圧し潰される苦しみが加わりました。振り払っても、耳を塞いでも、生きる価値を否定する言葉と行為に引き戻され、存在を根底から蝕まれ続けてきたのです。

否定を超えて

この章で扱う32―33章には、バビロニアによって王朝も神殿も、都も共同体も完膚《かんぷ》なきまでに打ち破られて、諦めと虚しさに襲われていた人たちが聞き、自らも口にしていた否定的な言葉が繰り返し引用されています。「バビロンの王、剣、飢饉、疫病に渡されてしまった」(32・36。24節参照)、「ここは廃虚で人も住まず、獣もいない」(33・10。32・43、33・12も)、「(主が)見放された」この民は価値がなく、取るに足らない者たちだ、と(33・24)。ここには原初の混沌と虚無を彷彿とさせる心象風景が立ち現れています。廃墟とされ、生命の気配の絶えた死の世界を見た人々のむなしさに、勝者バビロニアの言説と価値観が追い打ちをかけました。敗北者の声は勝利者の声にかき消され、荒廃は人々の魂にまで及んでいたのです。

しかしエレミヤ書は「抜き、壊し、滅ぼし、破壊」する神が、「建て、植える」神でもあることを証しします。罪は破壊を、破壊は混沌を生み出しますが、混沌は、「創造者、主、すべ

て を形づくり、確かにされる方」（33・2）の創造のみ業を超えることはできないのです（5・22参照）。「隠された大いなること」（33・3）が今や公に告知され、「いやしと治癒と回復」（6節）をもたらす神の言葉とみ旨が、バビロニアによる否定的な言辞と意図を粉砕します。存在の意味を蝕むネガティブな言葉は、被造物に息を吹きいれて生きるものとされた創造者の言葉によって凌駕されます。復興は都を「建て直す」だけでなく、魂の回復にまで至るものなのです。

8節では、そこに登場する神からの離反（＝「罪」）を言い表す三つの語すべてを「清め」「赦す」との宣言がなされ、恥辱は拭われて、賛美と輝き、「恵み」と「平和（シャローム）」が都に満ちると言われます。さらに未来を失って死の沈黙に沈んでいる町に、新しい家庭の出発を告げる婚礼の宴の音色が響きます（33・11。7・34、16・9、25・10では巷間から結婚式の音の絶えることが共同体の滅びを象徴していました）。神殿で歌われる頌栄の歌声が町にこだまするようになるのです。今はまだ荒れ果てて、人も住民も獣もおらず、沈黙が覆っているけれど、他でもない「この都」（32・36）、「この国」（32・43）、「この町、この広場」（33・10参照）、「この場所」（33・12）で共同体は回復されると告げられるのです。

エレミヤ書に保管された神の約束

現実に先立つ神の言葉は、預言者の象徴的な行為によって示されました（言葉だけでなく行為を通して神のみ旨を証しするこの種の預言についてはエレミヤ書28章やイザヤ書20章なども参照）。エレミヤは故郷アナトトの親族の畑を買い取ることになります（32・6―15。37・11―21も参照）。敵が都を包囲し、国破れ、民は土地を追われるのも時間の問題となった状況で（32・1―5）、土地を購入し、証人たちの前で権利書まで作成し、厳重に保管を命じることは、現実を冷静に見る者の眼差しには無意味で奇異なことと映ったでありましょう。当の預言者自身も「あなたはわたしに、『銀で畑を買い、証人を立てよ』と言われました。この都がカルデア（バビロン）人の手に落ちようとしているこのときにです」（32・25）と戸惑いを隠しません。

けれども、この言葉に戸惑いではなく、むしろ希望の響きを聞くこともできるのです。都が敵の手に落ち、土地を追われ、すべてが失われてゆくこの時に、神は、喪失の果てなる捕囚の彼方に、「素焼きの器に納めて」保管された土地の権利書が効力を発揮する回復の時を遙かに望み見させてくださっているからです。崩れ落ちた街の瓦礫の山の向こうに、まさにその所に再建される新しい共同体の幻を見させてくださっているからです。人の目には戸惑いや躓き、奇異にしか映らない物事が、驚くべき仕方で、確かな存在の礎とされ、家造りの捨てた石が隅の親石となるところに聖書の希望はあります（詩編118・22―25参照）。今まさに滅びようとしている「この国で家、畑、ぶどう園を再び買い取る時が来る」のですから（32・15。同44節も参照）。旧約聖書において「土地」は神のものと理解されてきました。人はそれを借用し寄留する者に過ぎないため（レビ記25・23以下。ヘブライ11・13も参照）、誠実に維持・管理する責任と義務を負っていたのです。責務を果たすことができずに土地を汚染し、そこから追われ、根なし草となって帰属する場を失う中でなされた土地購入は、法的、経済的のみならず神学的な意義をもっています。大海をあてどなく彷徨《さまよ》う小船のようにではなく、大空に漂う糸の切れた凧のようにでもなく、しっかと錨に繋がれ、確かな定点に結び付けられて、帰るべき故郷を遥かに望み見て旅する地上の旅人であることが確認されるのです。

さらに預言者の土地購入の事実が、「素焼きの器」だけでなく、このエレミヤ書に書き記されて共同体の正典内に「保管」されるものとなっている点も重要です（これは51・59以下にある、エレミヤが記して、バルクの兄弟セラヤに託された「一巻の巻物」とも関連します）。それは、預言者個人の売買そのもの、またその生涯をも超えて、聖書の民にとっては、捕囚による土地喪失も永遠の遺棄ではなく、「旅」の途上にあることとして、さらには捕囚期を遥かに超えて続く地上の旅路を導いておられる方を仰ぎ見る信仰へと導くものなのです。

神にできないことは何一つない

「旅」に先立ち行かれる神について、32章16節以下の「祈り」は、「天地創造」（17節）と「出エジプト」のみ業（20―22節）に囲い込まれた「頌栄」（18―19節）をもって賛えます。これは詩編の「賛歌」（詩編104、105、136編など）とも響きあって、「大いなる力を振るい、腕を伸ばして」混沌に勝利し秩序を打ち立てられた天地創造の偉大なみ業と、この世の権力の象徴であるファラオを退けて出エジプトを導かれた壮大な救いを証言するものです。

それと同時に、民の不従順と「悪」に対峙される神の徹底的な裁きにも神の全能が現されることが告げられます。捕囚によってエルサレムを地上から抹消することさえ厭われないのです（23―24、28―35節）。み業の前進を妨げるあらゆる抵抗と挑戦に対して、「恵み」と「報い」をもって臨まれ、憐れみにおいても裁きにおいても、「何一つできないことはない」（17、27節参照）方であることが明らかにされます。

預言者の祈りと神の応答の後、36節以下は「しかし今や、それゆえに」（直訳）という不思議な言い回しによって、前段落における過去の文脈とは断絶した「今」に目を向けつつ、前段で証しされた「何一つできないことはない」神のみ業が「報い」と「恵み」、「裁き」と「憐れみ」を堅く結び合わせているのを明らかにするのです。「追い払った」民を「集め、帰らせ、安住させ」、破られた契約を新たにし、離反した心を一つ心につくりかえ、かつての朽ちるものとは異なる永遠の契約を結ばれ、災い転じて恵みとなし、この土地から抜き去られた民を他でもないこの地に「植え」、不可能を可能にする方として神はご自身を顕現されます。

そのみ姿は「主に不可能なことがあろうか」（創世記18・14）という同様の言い回しを含んで語られる創世記18章の文脈にも証しされているものです。不妊である上に年老いたサラに約束の子イサクが生まれると告げられる場面です。常識的に考えても、人間の経験則に照らしても、ほとんど可能性がないことは自明であって、アブラハムもサラもただ「ひそかに笑う」しかなかったのです（創世記17・17、18・12）。洗礼者ヨハネの誕生を告げられたザカリアも同じでした。けれども、絶望、否定、不可能に閉ざされた私たちの現実に御子をお遣わしになり、「十字架の言葉」をもって罪と死に打ち勝つ希望を啓示された「神にできないことは何一つない」（ルカ1・37）ことを、聖書は告げているのです。

第10章　書物としての神の言葉　（エレミヤ書36―45章）

この章で取り上げる36―45章にある「バルクの巻物」と呼ばれるひとまとまりの文書は、エレミヤ書全体を鳥瞰する上で重要な視座を与えてくれるものです。そこからは実に見事に縫い合わせられたパッチワークのような作品像が見えてきます。

まずは手がかりとなる「バルクの巻物」それ自体の構成を見てみましょう。36章と45章が「巻物」全体の外枠となっていることは、それぞれ冒頭を読み比べてみるとよくわかります。ともに「ヨヤキムの第四年」（＝紀元前六〇五年は新興国バビロニアがエジプトをカルケミシュで撃破し、聖書の舞台であるレヴァント地方〔シナイ半島から地中海東岸に面した地域〕一帯が激動の時代に突入した年でもあります。本書43頁参照）にバルクという人物が、預言者を通して語られた主の言葉を、この巻物に口述筆記したことが述べられています。

パッチワーク状の書物

この36章の書き出しを読んでみると、エレミヤ書の前半部――古き世界の終焉を語る1―25章――を枠づける25章の冒頭と非常に類似していることに気付かされます。それは単にヨヤキム王の治世第四年目に起こったことというだけでなく、ヨシヤ王の時代以来、人々に「悪の道」から立ち帰ることを期待して語れども語れども、拒絶され続けてきた「神の言葉」への言及です（25・3―5、36・2―3。36・7も）。

さらに、エレミヤ書後半部――新しい世界の到来を告げる26―52章――の初めに置かれている26章の書き出しとも共鳴します。例えばこの預言は、神殿に集まる人々すべてに向かって「悪の道から立ち帰るかもしれない」と期待し、その罪と咎を赦し、災いを思い直す用意をもって語られる「神の言葉」であることが述べられており（26・3、36・3）、さらに「主の神殿」の「新しい門」で読み聞かせられたことが双方に記されています（26・10、36・10）。

加えて、その「神の言葉」が人々、そして共同体のリーダーたちの間に引き起こした反応についても、双方に劇的な仕方で描かれています。26章の場合、「都に敵対する預言」を理由にエレミヤの死刑を主張する者たちと、悔い改めて主を畏れ、恵みを祈り求めた者たちの姿が対比されます。み言葉は剣を世にもたらすのです。またエレミヤと「全く同じような預言をしていた」（26・20）預言者ウリヤが殺害されたことは、36章以下の「バルクの巻物」における預言者エレミヤが受けた苦難の数々（投獄、暴行、監禁〔37章〕、水溜めへの投下〔38章〕、強制連行〔43章〕）とも響きあいます。「神の言葉」を託されて生きることが、語る者を身の危険にさらし、常に言葉を封じようとする力と対峙させられるものであることを改めて思わされます（マタイ10・16以下、ヘブライ11・32以下も参照）。

「バルクの巻物」に続く46―51章に、世界を支配される神について語る、旧約の預言書に典型的な「諸国民への託宣」（アモス書1―2章、イザヤ書13―23章、エゼキエル書25―32章など参照）があり、エレミヤ書末尾の52章（特に52・13以下）は、列王記の巻末（列王記下24・18以下）とほとんど字句を違えず民の滅びと再生の兆しを述べるものとなっています。

エレミヤ書は、一見、様式的にも神学的にも歴史的にも一貫性が見られず、色々な要素がバラバラに配置されているような印象を与えますが、実のところは、それぞれの部分が独自の色合いを出しつつ、全体の模様にとってかけがえのない一部を構成するパッチワーク状の様相を呈していることがわかります。前半部で「抜き、壊し」、後半部で「建て、植える」み業を際立たせながら、預言者を通して語られ、預言書を通して読まれる「神の言葉」が、共同体の歴史に根ざしつつ、しかも、それを超えて時空を貫く一本の筋となって各部を編み合わせ、ひとつの書物を形作っているのが見えてきます。

書かれたみ言葉による啓示

さて、36章でバルクによって筆記された言葉の中身については必ずしも明確ではないのですが、ここで注目すべきことは、「神のみ言葉」の担い手が、預言者から預言書へ、語る人物から語られる書物へと移行していることです。預言者が神の言葉を民に直接語ることができない状況に置かれていることは示唆に富んでいます（5節）。その中にあって、「神の言葉」は書き記された書物が読まれるところで開示されるのです。このような状況は、歴史の一時点に留まるものではなく、むしろこれ以後のバビロン捕囚期、さらには紀元一世紀以降の、神殿や祭儀を失った共同体の状況にも重なり合っていきます。その共同体で聖書が紐解かれ、語られるところに「神の言葉」の啓示を見る、正典信仰の萌芽を、ここに見出すことができます。

巻物に余すことなく書き記された言葉は、神より発し（2—3節）、預言者を通して語られ（6—7節）、バルクによって書き留められ、朗読され（4、8、10節）、民、およびその支配者と向き合います。もはや預言者個人ではなく、書かれた「神の言葉」が人々の前に立つのです。

王宮の役人たち（12節。その内の何人かは、ヨシヤ王による「律法の書」の発見とその朗読に端を発した〃宗教改革〃の際に側近であった人たちの息子たちでした。列王記下22・12参照）は、立ち現れた「神の言葉」を前におののきます（16節）。そしてこのみ言葉を取り次いだエレミヤとバルクに、自分たちも含めて誰も知りえぬ場所に身を隠すことを勧めるのです（19節）。エレミヤとバルクは隠れ、そのようにして語り手と書き手は舞台後方に退きます。しかし「神の言葉」は隠れることなく前面に進み出て、読み上げられ、王と対峙することになるのです。

「ペンは剣よりも強し」と言いますが、王はナイフで書物を切り裂き、焚書にし、「神の言葉」の抹殺を企てます。「読み上げる」「読み終わるごとに」と訳されている語（ヘブライ語のqrʾ《カーラー》）は、王が暖炉に赤々と燃える炎の中に巻物をくべるために、三、四欄ずつナイフで「切り裂いた」（23節。qrʿ《カーラー》）と訳されている語と一字違いですが発音は同じであり、掛詞となっています。しかも読まれた言葉を聴きながら誰一人畏れを抱かず、衣服を「（切り）裂こうともしなかった」（qrʿ《カーラー》）と続きます。掛詞をたどってゆくと、朗読された「神の言葉」を切り裂いて焼き捨てる一方で、（自らの罪を悔いて）衣服を裂くことのない者たちの、神の前に畏れを知らない姿が浮き彫りになります。それはかつて神殿改修に際して巻物を発見し、その読まれるのを聞いて衣服を裂いた父王ヨシヤとは対照的な姿です（列王記下22・10―11）。

「神の言葉」を灰にした王はさらに、み言葉の証言者たちの口を封じようとします。けれどもその真の源泉である主がエレミヤとバルクを隠されます。そして、燃やされた「巻物に記されていたすべての言葉」が、「元どおりに」書き記され、さらに加筆までされるのです（27―28、32節）。

王の企てはむなしく水泡に帰します。たとえ剣によって「神の言葉」を切り裂き、跡形もなく焼き尽くそうとも、預言者の口を暴力的に封じ、筆記者のペンを折ろうとも、汲めども尽きせぬ「神の言葉」の源泉を止めることはできません。正典としての聖書を語り継ぎ、書き連ねてきたペンの強さは、託され語る証言者の信念や能力にではなく、神の断固たる裁きと救いの意志に基づいているからです。だから私たちは四方から苦しめられても行き詰まらず、途方に暮れても失望せず、虐げられても見捨てられず、打ち倒されても滅ぼされず（Ⅱコリント4・8―9）、体は殺しても、魂を殺すことのできない者を恐れることなく（マタイ10・28）、永久に立つ「神の言葉」に仕え（イザヤ書40・8）、神がどんなに偉大なことをしてくださったかを証言し続けることができるのです。

「バルクの巻物」が語ること

さて、このような枠組みの中で展開される「バルクの巻物」は、三つの場面からなっていると言えるでしょう。まず第一場は37章—40章6節です。そこでは、バビロニアによる包囲と攻撃にさらされ、ついに前五八七年に陥落するエルサレムを舞台とした、ダビデ王朝最後の王・ゼデキヤと預言者エレミヤのやり取り、および王の悲惨な末路、そしてエレミヤの受難と解放（逮捕、拘留、水溜めへの投下と救出、拘留、釈放）の顚末が語られます。第二場は短く40章7節—41章で、前五八七年以後のユダを舞台とした親バビロニアの総督ゲダルヤの統治と暗殺のいきさつが語られ、バビロニアの報復を恐れた人々が逃亡先として選んだエジプトへと物語が方向づけられてゆきます。最後の第三場である42—44章には、エジプト逃亡を企てる人々への警告と、その人たちに拉致《らち》されてエジプトに強制連行されたエレミヤの預言が収められています。

これらの三つの場面を通して、エレミヤ書前半部（1—25章）に預言された古き世界の決定的な終わりの到来が明らかになります。他方、対となっている第一場と第二場では、「もし……ならば」という言い回しで「生き残る」道も指し示され（38・17—18、42・9—17）、後半部（26—52章）の主題である、混沌の中に始まる徹底的に新しい世界の兆しが示されるのです。

第11章　希望を携えて（エレミヤ書50―51章）

エレミヤ書を読む私たちは、日々、想像を超えた事件や出来事に次々と見舞われています。様々な神話や体制の綻《ほころ》びが顕在化する、安全、行政、医療、経済……。これだけは大丈夫、確かで、信頼できると胸を張って言えるものが失われてゆきました。真偽定かならざる情報の海の中で規範を失って流され漂うかのような漂流社会、足を滑らせると一気にどん底まで滑り台を滑落してゆくような貧困社会、雇用や社会保障制度の崩壊、思いもよらなかった事態が相次いで襲ってくる中を、出口の見えない閉塞感と一寸先の不安をひしひしと感じながら歩んでいるように思います。

けれども、そうした事柄の根はすでに地中深くはびこっていたものであり、それらが、時代の荒波に浸食されて表に現れ出てきているということにも私たちは気付いています。例えば、若い身空で、ぽっかり空いた心の虚空を孤独の内にもてあました人が、虚構の内に居場所を求めて彷徨《さまよ》いながらもついぞ見出せず、果てに破滅的な仕方で他者をも巻き込む自爆的な終わりへと突出し、徒花《あだばな》咲かせて散ってゆく。それは、今から二〇年以上前に日本のみならず世界を震撼させた新興宗教による無差別テロ――特異な一宗教集団の奇異な教義に魅せられた一部の異常な若者による特殊な反社会的犯罪として片付けられてしまった出来事――が、書物のページをめくるかのようにして克服することができない問題であったことを改めて気付かせます。

私たちは抱えている深い悩みと問いをどこにもってゆくでしょうか？　種々のメディア、雑誌や新書を通して、有識者と呼ばれる人たちが、説得力をもって現代の諸問題を鋭い切り口で分析し解説してくれます。それらに耳を傾けながら、私たちには、もう一歩踏み込んで、存在の深みに触れてくる言葉、礼拝において慰め、叱責し、赦し、裁き、救い、悔い改めさせる言葉、「目が見もせず、耳が聞きもせず、人の心に思い浮かびもしなかったこと」（Ｉコリント２・９）を語る聖書からの挑戦を受ける道が開かれています。

現代版「バビロン捕囚」？

世のタガがはずれ、社会の中枢部が溶解していくような、あるいは深層部に根ざしていた規範や価値観が根腐れを起こして屋台骨がきしみ始めているような、もはや今までのようにはいかないことへの苛立ちと確かな拠り所を失った言いようのないむなしさにさいなまれながら……、私たちは、いつしか住み慣れた故郷から遠く離れ、生きにくく、居心地の悪い異郷に迷い込んでしまったような違和感を味わっているのではないでしょうか。

「こんなはずではなかった……」「なぜこうなってしまったのか?」。人情味溢れ、互いの関係が密で濃かった社会も、「理想」に燃えて天井知らずの高度成長をひた走って「ジャパン・アズ・ナンバーワン」ともてはやされた時代も、「一億総中流」意識も、既に色あせた郷愁の彼方にあり、未来は今よりも良くなるという神話を若者は誰も信じない、もはや帰ることのできない「失われた古き良き」あの頃は幻想の中にしかなく、誰もが故郷喪失しているとするならば、私たちは現代版「バビロン捕囚」を生きている民と言えるかもしれません。

「捕囚」の現実を受け入れられず、そこから逃避し、迫り来る危機に警鐘をならす預言者の言葉を悲観論として退け、皮相的で威勢のよい楽観主義に活路を見出そうとし、眼前の闇から目を逸らそうとする捕囚の民。エレミヤ書は彼らの思いに寄り添います。そして夜明け後の世界を構想します。けれどもそれは、しばしばこの世の指導者や賢者が持ち出す(復古調の)自民族の誇りや優秀さ、かつての成功物語、愛する祖国の「底力」に依拠するものではありませんでした。それらが魂の拠り所とはなりえないことに人々が打ちのめされていたのを知っていたからです。悲しいかな、捕囚の民はつくづく思い知らされていたのです。都も城壁も神殿も律法も王も祭司も預言者も、富も力も、選びも栄えある歴史も、これまでイスラエルが誇り、頼りとしてきたものは、ことごとくバビロニアによって「抜き、壊し、破壊し、滅ぼし」尽くされ、手離すことを余儀なくされたものであったことを。さらに崩れ行く共同体、国家、そして世界に翻弄される民に向けてエレミヤ書は、世界史の深層を掘り下げて事の本質を見極める視点を提供します。そこから見えてくるのは、「古き良き」世界を完膚なきまでに打ち砕いたバビロニアの脅威をもたらしたのは神の意志である、ということでした。未曾有の危機をもたらしたバビロニアに未来を委ね、故郷から根こそぎにされた上に移植された異郷に腰を落ち着けて生き延びることは、消え行く敗残者たちの哀れなエピソードに終わるものではなく、壮大なる神の救いと希望のストーリーに連なるものとして、エレミヤ書は世界史を神の視点から徹底的に捉え直すのです。

捕囚の終わり

破れて目覚め、滅んで新たにされる希望への橋渡し、それが「諸国民への託宣」の末尾に置かれた「バビロニアへの託宣」（50—51章）の意義です。昨日までは世界の覇者、超大国の名をほしいままにしていたものが、今日は神の裁きの担い手（51・20―23）から、一転、裁きを受けるものとされる驚きを語ります（50・23）。イスラエルや諸国民に「四方から迫る」圧倒的な脅威であった「北からの敵」バビロニア（4―6章、46―49章）は、いまや「北からの敵」に「四方から」攻められて滅びるのです（50・2、9、41、51・48）。

歴史的にはメディア王国の一領主から一代で世界帝国ペルシアを打ち立てたキュロスが前五三九年にバビロンを征服するのですが、エレミヤ書には、（イザヤ書44・28や45・1などと異なり）キュロスの名は登場しません。むしろ「大いなる国々の一団」（50・9）、「一つの民」（50・41ほか）、「弓を射る者ら」（50・14）、「剣」（14・18ほか）、「滅びの風」（51・1）、「混沌の海」（51・42）、「滅ぼす者」（48・15ほか）等、象徴的な表現を用いながら、「傲慢な者」バビロンに対する神の支配と正義の回復＝「復讐」として、バビロニアの滅亡は描き出されるのです。

かつて「娘シオン」に向けられた刃は、そのまま「娘バビロン」に突きつけられることが、ほとんど同じ字句の引用で語られます（50・41―43と6・22―24を比較してみてください）。その崩壊の光景は、かつてバビロニアがエルサレムにもたらしたような荒廃と原初の混沌の様に等しいのです（50・2―3、12―13、34―40、51・25―26、36―37、41―45、54―56など）。かつてのバビロン王による破壊は、悪と混沌を表す神話的シンボルである「竜」が「食いつき」「呑み込み」「腹を満たし」たこととして描かれていますが（51・34）、創造主なる神は、その頭を打ち砕く力をもっておられ（詩編74・13）、被造物として支配下に置かれる方（創世記1・21「怪物」）、「御力をもって大地を造り、知恵をもって世界を固く据え、英知をもって天を広げられた方」（51・15）ゆえ、「バビロンの海を干上がらせ、泉を涸らす」（51・36）ことや、「混沌の海」でバビロンを覆い、「呑み込んだものを口から吐き出させる」ことがおできになるのです（51・42—44）。神とその意志を体現するバビロニアの結びつきは解かれ、バビロニアは倒れ、ただ主なる神のみが主権をもって立たれるのを捕囚の民は仰ぎ見ることになります（51・15—19。10・12—16参照）。

エレミヤ書の語る希望

歴史は、単に現在までの人間の軍事的、経済的、政治的力学がもたらす事象や出来事だけを結び合わせて物語られるものではなく、「究極的将来である終末からはじめて理解されるような新しい出来事」（パネンベルク）であり、神の驚くべきみ業と導きを啓示するものであることをエレミヤ書は証しします。

現在を支配している「捕囚」の現実は永遠ではなく、終わりがあります。その出来事の後には、神が創造される新しきことが訪れるのです。それが起こる「その日、その時には」、捕囚の民は歴史に現臨される神との新しい関係へと、神との「契約」へと帰るのです（50・4―5）。しかもその「契約」は、あの大洪水による世界滅亡の後に空にかかった虹と共に、二度と忘れられることはない「永遠の契約」だと言うのです（50・5、創世記9・16―17。イザヤ書54・7―10もご覧ください）。人間の歴史の断絶を深いところで繋ぎとめる「神の契約」によって、人は混沌の中にも固く立つ礎をもつことができるのです。揺らぐことのない基礎（Ⅱテモテ2・19）の上に私たちの生を「建て、植え」てくださる方を仰ぎ見る礼拝生活を通して、世に果敢に証しを立ててゆく群れであることを覚えつつ。

巻末説教　「抜き、壊し、建て、植える神」

バビロン捕囚前夜に風雲急を告げる時代の流れにあって、エレミヤの周りにいた人たちの多くが殻にこもって、ダビデの血筋を引く王朝と世界の軸エルサレム神殿にしがみつき執着し、あるいは逃避し、耳を閉ざして聞きたい言葉のみに慰めと希望を見出しては古き良き時代の輝きで己を鼓舞し、迫りくるバビロニアの脅威から眼差しをそらして、かりそめの安逸をむさぼっていました。その中にあってエレミヤは、覚醒し、目覚めていることを迫られ、魂の包皮を取って敏感な感性を保ち続けることを強いられた預言者としてエレミヤ書に描き出されています。神の召しと激しく格闘し、神の言葉に捕らえられて世と対峙し、逆境にあってなお語り続ける壮絶なパトス（熱情）に生きる者として。エレミヤ書の語りかけを聞く者は、その姿を通して、凍りつくようなこの世の罪の現実に対して燃えたぎる神の熱情に触れ、生ける「神の言葉」との出会いを味わう者とされます。

「神の言葉」は生きていて、力があり、どんな両刃の剣よりも鋭く、精神と霊、関節と骨髄とを切り離すまでに刺し通して、心の思いや考えを見分けることができる、と新約聖書（ヘブライ4・12）は証ししますが、エレミヤ書にはまさに、上より刺し貫き（25・33）、内なる深き闇を探り（11・20、17・10）、火のように燃え上がる「主の言葉」が熱く息づいていると言えるでしょう。

この書物は、冷めて心を動かすことをやめた時代、その心象風景が冬枯れのようにささくれ立った社会のただ中にあって、新しい季節の到来を真っ先に告げる「アーモンド」の花によせて、そのヘブライ語の発音「シャーケード」の語呂に合わせて、神は熱き心を持って獲物に今や飛びかからんとして虎視眈々と機を窺う捕食者のごとく「見張っている（ショーケード）」（1・12。5・6の「（豹が）ねらう」は同じ語彙）、時を定めて「目覚めている」（31・28、44・27—29で実現する）ことを告げます。

我が世の春を謳歌し、神の峻烈な剣のような言葉を真綿に包まれた甘言のように聞く時代。春眠をむさぼり、不正・不義にねじ伏せられた声なき者の声を聞き取る繊細な魂を鈍らせて、これを省みない社会。そこかしこに破滅の徴候が芽生えているにもかかわらず、それを手軽に治療して平和でもないのに「平和」「平和」と言う言葉に安堵し、冷厳な現実から目をそらす世界（6・14、8・11）。打たれても痛みを覚えず、打ちのめされても懲らしめを受け入れないほどに鈍磨し（5・3）、究極的な出来事に先立って語られる神の言葉を侮って「主は何もなさらない。我々に災いが臨むはずがない」「預言者の言葉はむなしくなる。『このようなことが起こる』と言っても実現はしない」（5・11―13）と臆面もなく言い放つ世代。垂直次元を見失って座標軸が崩れ、際限なく相対化、断片化して物語・歴史を失った共同体（11・1―14）。神の前に立つことの畏れと慎みを欠いて、自らを貶めてゆく民（6・15、8・12）。そのような時代のただ中で、敗れて目覚め、新しい時代の到来を遙かに望み見ながら懊悩《おうのう》する人々の心にエレミヤ書は語りかけてきました。

この書物は、一つの大きな時代の変わり目に生きる人たちに語りかけます。その手がかりとなるのが冒頭の表題です。

主の言葉がエレミヤに臨んだのは、ユダの王、ヨシヤの治世第十三年、その後「ゼデキヤの治世の第十一年の終わり」、すなわちバビロン捕囚まで続いたとあります。これを西暦に置き換えるならば紀元前六二七年から五八七年までの四〇年間になります。

ヨシヤ王の時代というのは、比較的安定した時代でした。王朝は揺らぎなく、神殿はヨシヤ王の主導でなされた改革によって整えられ、対外的にも脅威となる勢力はありませんでした。

けれどもヨシヤ王の子供たちが王位に就くころになると、情勢は急転直下、変わり始めます。内外から揺さぶられ、国の屋台骨がぐらつき始めます。ついに五八七年に神の都エルサレムは陥落します。聖なる都、神が選んだ永遠の憩いの地と詩編に歌われた麗しの都は今や見る影もなく、神の聖所、足台、御座とされた神殿は灰塵に帰しました。ダビデ王朝最後の王となったゼデキヤは捕らえられ、王子たちの処刑を見させられた後に目を潰されて牢に繋がれ、ここに四〇〇年余り続いたダビデ王朝は終焉を迎えます。その日が来るまでの四〇年間、明日も今日と変わらないはずと信じて生きてきた世界が一変し、気がついたら世界が崩れていた――。慣れ親しんでいた社会がもはや取り返しのつかない仕方で崩れ落ちてゆく中を生きる人たちに向けて語られた言葉が、エレミヤ書なのです。

その当時イスラエルの民が生きた状況は、例えば天地創造の秩序が、しだいに混沌へと回帰するものとしても描かれています。エレミヤ書4章23節から26節にエレミヤ書の見つめる世界があります。

わたしは見た。見よ、大地は混沌とし、空には光がなかった。わたしは見た。見よ、山は揺れ動き、すべての丘は震えていた。わたしは見た。見よ、人はうせ、空の鳥はことごとく逃げ去っていた。わたしは見た。見よ、実り豊かな地は荒れ野に変わり、町々はことごとく、主の御前に、主の激しい怒りによって打ち倒されていた。

創世記1章の天地創造の過程が、一つ一つ原初の混沌へと巻き戻されてゆくのを「わたしは見た。見よ」と繰り返しながら、畳みかけるようにして描いています。

数年前、若者の間で何十万部という単位で売れている人気漫画は、理想郷と正反対の絶望郷（ディストピア）を描いたものだという記事に目が留まりました。当時の三人の実力派の漫画家が揃いも揃って同時期に絶望世界を描いて大変な売れ行きを見せているというものでした（花沢健吾『アイアムアヒーロー』、森恒二『自殺島』、石川優吾『スプライト』）。その記事によると「過去の名作は、大なり小なり冷戦が影を落としていた。世界が崩壊するのは、核戦争やら大災害やらの理由がはっきりある。しかし今の作品群に共通するのは世界の危機ではない。日常の生活がいつの間にか崩れていた感覚だという。何の前触れもないのに、気づいたら自分の生活が壊れていた。将来がなかった。職がない。誰がいつ負け組になってもおかしくない。そうした現実と非現実のあわいが曖昧になっている空気が色濃い」、というのです。滑り落ちてゆく世界をリアルにとらえて共感を呼ぶ、と。これらの作品にはあえて希望が描かれません。崩れゆく世界のただ中に、ひたすら絶望に留まり続けるのです。

　こうしたことは、福島の原発事故から五年目を境に自死者が増えていることを取り上げた二〇一七年初頭の「ＮＨＫスペシャル・それでも、生きようとした　～原発事故から5年・福島からの報告～」のルポのキーワード「曖昧な喪失」にも通じます。決定的に何かが目の前で崩壊し去って、衝撃的な仕方で失われているのではなく、見ているものも、周りの景色も何も変わらない、何を失っているのかが目に見えてはわからない――にもかかわらず、取り返しのつかない喪失に魂が打ちのめされている、孤独感に襲われる、けじめがつきづらい。真綿で首を絞められるような仕方で次第に心が蝕まれてゆく。そのような世界に生きることを余儀なくされている時代の中にあって、私たちは何を見るのか、エレミヤ書はそこに何を語るのか？

　私はここで哀歌の一節を思い起こすのです。エレミヤ書と世界観を共有する哀歌の1章3節なのですが、そこには難解きわまる表現が出てきます。新共同訳聖書では「貧苦と重い苦役の末にユダは捕囚となって行き」と訳されている言葉です。原文を直訳すると「貧苦と重い苦役からユダは捕囚されてゆく」となっています。貧苦と重い苦役からは「解放」されてきたのが聖書の民でした。奴隷の家でなめた辛酸と苦役から解き放つ神を証ししてきたのが、出エジプトの救いを語り継ぐ民の信仰であったはずです。ところが、ここでは同じ用語を使って、重い苦役からの解放ではなく、「捕囚」を語るのです。エレミヤ書34章17節でも同じです。「わたしはお前たちに解放を宣言する」「それは剣、疫病、飢饉に渡す解放である」と。21章9節でもバビロニアに降伏し、囚われの身になって恥を忍んで生き延びることが求められるのです。

　エレミヤ書1章から25章の見ている世界は、徹底的な滅びに至るまでの四〇年の歳月です。その中で創造は混沌へと巻き戻され、かつて神によって解放された民が捕囚へと引き渡される途上にある世界が物語られます。創世記が証しし、出エジプト記が証言してきた神との出会いとは異なる出会いを、エレミヤ書は語るのです。それは抜き、壊し、建て、植える神との出会いです。

　エレミヤ書の証しする神が「抜き、壊す」（1・10）のは、人の手によって据えられた、かりそめの確かさです。何を抜き、何を壊すかといえば、例えばそれは城壁であったり、砦であったり、堅固な町、城塞都市であったり、聖所であったりします。それらは言い換えれば私たちの日常を保つのに必要不可欠な保証です。その保証が抜き、壊される。ところが次に続く二つの動詞によって神の破壊がさらに深く、神の民の存在の根底に及ぶものであることを知らされます。「滅ぼし、破壊する」（1・10）のはイスラエルの救いの歴史、救済史なのです。エレミヤ書45章4―5節ではこう言われています。「わたしは建てたものを破壊し、植えたものを抜く。……わたしは生けるものすべてに災いをくだそうとしている」と。建て、植えるという動詞は、しばしばイスラエル、神の民を創造し、神の救いの歴史に植え付けるという文脈で使われています。建てたものを破壊し、植えたものを抜くと語られる時、ここにイスラエルの救済の歴史に終わりが告げられるのです。エレミヤ書の証しを聞く者は、あらゆる拠り所を剝ぎ取られていくことに不安を覚えるでしょう。

怖れおののく者を慰め安らわせるために、平和ではないけれど「平和、平和」と言う預言者の言葉（6・14）も、信仰者の証しとして「主の神殿、主の神殿、主の神殿」と唱えて神殿に置く絶対の信頼（7章）も「むなしい（偽りの）言葉」（7・4）とされ、神の名によって呼ばれる聖なる地も、その地を去る自由を持っておられる神を繋ぎとめることはできない。そして救いの歴史でさえも破壊され抜き去られるもの。

私たちは知らず知らずに、内なる神殿、内なる城壁をかこい、これまでの歴史を振りかえって安らぎを得るものです。けれどもエレミヤ書を読む時、私たちの内なる確かさはどれも、生ける神の前に抜き、壊し、滅ぼし、破壊され、崩れさるという事実に向き合う勇気をもつ必要に迫られます。神殿は灰塵に帰す日が来ます。故郷を追われて異郷の地へと移される時を迎えます。救いの歴史も終わりを迎えます。

　このような神の峻烈な剣のような言葉に刺し貫かれ、内なる深き闇を探り、敗れて目覚め、古き時代の終焉を見据え、新しい時代の到来を遥かに望みながら懊悩《おうのう》する人々の心にエレミヤ書は語りかけるのです。例えば太平洋戦争中、すべてを失ってエレミヤ書に深く沈潜し、エレミヤを「余の尊敬する人物」と言ってはばからなかった矢内原忠雄は言います。「エレミヤの希望は悲哀の底に咲き出でた花、暗黒の中に輝いた星である。神を信じて最も深く悲しむ者は、また神に在りて最も高く希望する。……凡て逆境苦難の中に憂ひ悲しむ者に対する無限の慰藉《いしゃ》が此処にある」（『矢内原忠雄全集』13巻、岩波書店、一九六四年、436、441頁）と。

　これまで述べてきたように、エレミヤ書の証しする神は「抜き、壊し、滅ぼし、破壊」するとともに、「建て、植える」神です。絶望のきわみにあって初めて出会うことのできる神を証しするのです。古き世に終わりを告げ、未だ知られざる新しさを来らせる方であることを証しするのです。旧約聖書では、まず創世記から申命記にかけて、混沌の力と闘って秩序を創造され、モーセによって奴隷の家、苦役から民を救いだし、約束の地へと導かれた神とイスラエルの民との出会いが証しされてきました。その証しと対峙するようにして、このエレミヤ書では、かつてモーセにしたのと同じように、その口に言葉を授け、権威を委ねた預言者によって（申命記18・18）、前半部の1章から25章では、古い世界の決定的な終わりを告げて「抜き、壊し、滅ぼし、破壊」し、後半部の26章から52章にかけては、徹底的に新しい世界の始まりを告げ「建て、植え」る神が証しされているのです。

例えば31章27—28節を紐解いてみましょう。そこにはこう語られています。

> 見よ、わたしがイスラエルの家とユダの家に、人の種と動物の種を蒔く日が来る、と主は言われる。かつて、彼らを抜き、壊し、破壊し、滅ぼし、災いをもたらそうと見張っていたが、今、わたしは彼らを建て、また植えようと見張っている、と主は言われる。

そして続く31—34節で

> 見よ、わたしがイスラエルの家、ユダの家と新しい契約を結ぶ日が来る、と主は言われる。この契約は、かつてわたしが彼らの先祖の手を取ってエジプトの地から導き出したときに結んだものではない。わたしが彼らの主人であったにもかかわらず、彼らはこの契約を破

った、と主は言われる。しかし、来るべき日に、わたしがイスラエルの家と結ぶ契約はこれである、と主は言われる。すなわち、わたしの律法を彼らの胸の中に授け、彼らの心にそれを記す。わたしは彼らの神となり、彼らはわたしの民となる。そのとき、人々は隣人どうし、兄弟どうし、「主を知れ」と言って教えることはない。彼らはすべて、小さい者も大きい者もわたしを知るからである。

神による大いなる破壊から新しい創造へ、捕囚から解放へ、裁きから救いへ、死から新しい命へと向かうみ業の奥義が証しされ、古い契約から新しい契約へ、さらにそれは十字架の死から復活のいのちへと突破してゆくのです。

主イエスは、ご自身の死と復活を「壊し、三日で建て直す」出来事として告げられました。ヨハネによる福音書2章19節以下は宮清めの直後の出来事として次のように記しています。「イエスは答えて言われた。『この神殿を壊してみよ。三日で建て直してみせる。』それでユダヤ人たちは、『この神殿は建てるのに四十六年もかかったのに、あなたは三日で建て直すのか』と言った。イエスの言われる神殿とは、御自分の体のことだったのである。イエスが死者の中から復活されたとき、弟子たちは、イエスがこう言われたのを思い出し、聖書とイエスの語られた言葉とを信じた」と。

神の民、そして教会の歩みに貫かれてきたのは、エレミヤ書に語られてきた「抜き、壊し、滅ぼし、破壊する」神のみ業によって御子主イエスが死に引き渡され、私たちの罪のために徹底的に砕かれたこと。同じように「建て、植える」み業によって、死んで葬られたキリストが三日目に死人の内よりよみがえられ、私たちを救いの歴史に結び付けられたことに他ならないでしょう。そしてこの方を救い主と仰ぎ、その再び来り給うを待ち望み、最初のものが過ぎ去って「新しい天と新しい地」「新しいエルサレム」がまさに来りつつあるのを待つヨハネの黙示録の望み見る共同体の希望は、「新しい契約」を結ぶ日の喜びを語るエレミヤ書の希望とも響きあうのです。

エレミヤ書は、内に喪失と破れと矛盾、誰にも言えない闇を抱え、滅びの淵にたたずみ、自力ではどうにもできない罪に支配された者に向けて、それでも語りかける神を、「わたしは彼らの嘆きを喜びに変え、彼らを慰め、悲しみに代えて喜び祝わせる」(31・13)と言われる神を、証ししています。私たちの罪を、主イエス・キリストにおいて「抜き、壊し、滅ぼし、破壊し」、私たちを、主イエス・キリストの復活のいのちに「建て、植え」てくださる神に栄光がありますように。

エレミヤ書　関連年表

640	ユダ王ヨシヤ即位（-609）。
622	ヨシヤの宗教改革。
609	ヨシヤ戦死。王ヨアハズ（シャルム）、三か月で退位。
608	ヨヤキム即位（-598）。
598	バビロニア王ネブカドネツァル、エルサレム包囲。 ヨヤキムの死、ヨヤキン（エコンヤ）即位。 エルサレム陥落、ヨヤキン、重要人物らとバビロンに連行される（第一次バビロン捕囚）。 エルサレムではゼデキヤが王に（-587）。
588	ゼデキヤ、ネブカドネツァルに反逆。
587	バビロニア軍の一年半の包囲後、エルサレム陥落。 ユダ王国滅亡、第二次バビロン捕囚が始まる。
539	ペルシア王キュロス、バビロン征服。捕囚が終わる。

あとがき

本書を手に取ってくださった方々に感謝しつつ、この書の成り立ちについて述べることで「あとがき」に代えることをお許しいただきたい。

この書物は二〇〇八年度『信徒の友』（日本キリスト教団出版局）誌上に毎月一編ずつ、全一二回にわたって連載された「現代に語りかけるエレミヤ書」を元にして編まれている。そのため、章によってはイースター、ペンテコステ、クリスマスなど教会の暦が意識され、夏に執筆されたものには広島・長崎が覚えられ、四季折々に触れてエレミヤ書の言葉を聞いてきた軌跡がうかがわれるものとなっている。ただし全編を通して、崩壊前夜と崩壊後の世界に向けて語りかけられる神を証しする書としてエレミヤ書を読む視点が貫かれている。というのも、明日も昨日と変わらない今日を、根拠のない平安の内に歩んでいた神の民に訪れた徹底的な崩壊、そして崩壊後を生き延びる道を、想像を超える新しさで示される神を、エレミヤ書は「抜き、壊し、滅ぼし、破壊し、そして建て、植える」神として証しするとのことが本書の根底にある視座だからである（巻末説教「抜き、壊し、建て、植える神」を参照）。

この視点に多大な影響を与えたのは、米国コロンビア神学大学院留学時、W・ブルッゲマン教授の下で二〇〇〇年春学期に行われたエレミヤ書のクラスであった。実に二〇〇一年九月一一日の同時多発テロ発生前夜の、どこか安穏とした長閑な空気が漂う中でなされた学びであったが、それは取りも直さず、崩壊前のエルサレムでエレミヤに託された峻厳な言葉を聞く者たちの思いとも重なるものであったことを今思い起こす。あの当時の崩壊前夜にあっては多分に粗削りであった私たちの問いや思索を、決して退けることなく問う者の思いを遙かに超えて真摯に受け止めては、新たなる広がりと高みへと、洗練し展開させ磨きをかけて、来るべき崩壊を凝視しながらエレミヤ書に証しされる神の語りかけに耳を澄ましながらなされたブルッゲマン教授の応答を一言一句漏らすまいとテープにとっては帰宅後に聴き直したものだった。そして聞き漏らしをノートに書き留めながら、エレミヤ書が今に激しく迫りくる書物であることに、しばしテープを止めては魂震わせたことを昨日のように思い起こす。

その震えは二〇〇一年同時多発テロの衝撃によって崩壊後の世界を生きることとの震撼の中でエレミヤ書を読む視座へと私を導いていった。当時ブルッゲマン教授の勧めでプリンストン神学大学院Ph.D.課程での学びを始めていたが、ニューヨークから車で小一時間の大学町にも家族や友を失い、喪失に掻き裂かれた嘆きが響いた。軋む世界の揺らぎに呆然と立ちすくみながら、「９・11」以後の社会を現代の「バビロン捕囚」と捉える切り口、そして捕囚後の民に語り継がれたエレミヤ書の言葉を、今に向けて語りかけられる神の言葉として聞く視点の原点。それを「エレミヤ書」ゼミにおいて示されていたことに、改めて旧約学徒として託された務めを自覚させられた。

帰国後まもなく連載を依頼された時期と重なるようにして、共に学ぶ若き仲間を与えられたことも幸いであった。非常勤講師として国際基督教大学で二〇〇七年度冬学期に「旧約聖書学研究Ⅱ」でエレミヤ書を取り上げたが、繊細な感性で、大胆かつしなやかにテクストと対峙する学生たちの姿勢から生ずる緊張感に切磋琢磨されながらエレミヤ書の語りかけを、やはり数年後に迎えることになる崩壊を前に互いの魂に刻みあうものとなった。

そして迎えた二〇一一年三月一一日の衝撃は、今なお激しく私たちの存在の基を揺さぶり続けている。東日本大震災直後にＦＥＢＣの長倉崇宣氏から、「現代に語りかけるエレミヤ書」を改めて読んで、今こそエレミヤ書に聴きたいと請われ、放送に臨み、長倉氏とのやり取りの中で、エレミヤ書から、崩壊後を生きる私たちへの神の語りかけを聞く耳を新たにされた。相前後するように二〇一三年度には日本基督教団国分寺教会（願念望牧師）で毎月一回エレミヤ書から礼拝にてみ言葉を取り次ぐ機会を与えられた。本書のいくつかの章は国分寺教会に集う礼拝者の皆さまとの協働と言えるほどに、会衆席の真剣なまなざしと研ぎ澄まされた耳とに応えるべくエレミヤ書と対峙し、沈潜した説教が基になっている。

二〇一四年から遣わされた日本基督教団美竹教会・池尻大橋（Y姉宅）家庭集会に集われる教会員、他教会員、求道者の方々とのエレミヤ書の学びも、「3・11」以降の社会を聖書のみ言葉によって新たな切り口でとらえながら、そこで問われ、問う信仰者の生き方を確かめる幸いな時であった。さらに美竹教会で毎月一回程度のペースで行われている、一〇名前後の仲間たちとの読書会において、ロマ書13章の「上に立つ権威への服従」と「良心」に基づく服従（自覚的批判的参与、抵抗権）のせめぎ合いについて宮田光雄著『国家と宗教』を通して学びながら、預言者的信仰の今日的意義について考えさせられる得がたい契機を与えられていることも感謝をもって付記する。

信仰共同体の拠って立つ礎に、旧約聖書の預言書を通して証しされる熱情の神の語りかけがあることを、生ける神との激しくも真摯な祈りの格闘を、そして、エレミヤ書を通して噛みしめる幸いが与えられていることを、本書を通して共に味わっていただければ幸いである。

『信徒の友』連載時から一貫して祈りをもって、時に鋭く、また常に温かく執筆を励まし、読み手の印象を伝え、表現に磨きをかけ、ご自身の旧約の学びの蓄積を惜しげもなく差し出して、私の怠惰と甘えへの誘惑を断って、エレミヤ書との格闘へと向かわせ、共に恵みを引き出してくださった日本キリスト教団出版局編集者の土肥研一牧師、そして本書の出版のために丁寧に原稿に目を通し、読者の視点で的確に心細やかに示唆を与えてくださった加藤愛美氏に、心よりの感謝をささげたい。

ここに記したすべての行程、アトランタからプリンストン、帰国後の不安定な日々も、すべてを主に委ねて傍らを歩み続け、たえざる試練を共に担って励まし支えてくれている家族、中でも義母、母、そして妻・深恵子と三人の子どもたちへの感謝は尽きない。

左近　豊

二〇一八年六月二五日

左近　豊　さこん・とむ

1968年生まれ。東京神学大学大学院修士課程修了、横浜指路教会副牧師を経て留学。コロンビア神学大学院修士課程修了（Th.M)、プリンストン神学大学院博士課程修了（Ph.D)。前聖学院大学・大学院准教授。日本基督教団美竹教会牧師、青山学院大学国際政治経済学部教授、同学部宗教主任。

著　書　*Fire Sent from Above: Reading Lamentations in the Shadow of Hiroshima/ Nagasaki*、『信仰生活の手引き　祈り』（日本キリスト教団出版局）

共著書　*Imagination, Ideology, and Inspiration: Echoes of Brueggemann in a New Generation* (Sheffield Phoenix)、『3.11以降の世界と聖書　言葉の回復をめぐって』（日本キリスト教団出版局）、『スピリチュアルケアの実現に向けて』、『永遠の言葉』（聖学院大学出版会）。

訳　書　J. L. メイズ『現代聖書注解　詩編』、F. W. ダブス＝オルソップ『現代聖書注解　哀歌』、W. ブルッゲマン『旧約聖書神学用語辞典　響き合う信仰』、W. ブルッゲマン『聖書は語りかける』（日本キリスト教団出版局）ほか

エレミヤ書を読もう　悲嘆からいのちへ

2018年8月25日　初版発行
2020年5月20日　再版発行

著　者　左　近　豊
発　行　日本キリスト教団出版局

169-0051　東京都新宿区西早稲田2丁目3の18
電話・営業 03 (3204) 0422、編集 03 (3204) 0424
http://bp-uccj.jp

印刷・製本　河北印刷

ISBN 978-4-8184-1010-7　C0016　日キ販
Printed in Japan

日本キリスト教団出版局の本

聖書を読む人の同伴者

「読もう」シリーズ

価格は税別です。重版の際に定価が変わることがあります。

マタイ福音書を読もう

松本敏之 著

1 一歩を踏み出す

四六判・234頁・1800円

2 正義と平和の口づけ

四六判・234頁・1800円

3 その名はイエス・キリスト

四六判・218頁・1600円

聖書の時代背景を踏まえつつ、テキストと現代の私たちとのつながりを説く。

ヨハネの黙示録を読もう

村上 伸 著

四六判・208頁・1800円

ローマ帝国による皇帝礼拝強制とキリスト教迫害が続いた1世紀末に書かれた黙示録を、46回にわたって読む黙想集。不安定な世界情勢と深い混迷にある現代に、確かな生の基盤を示し希望を語りかける。

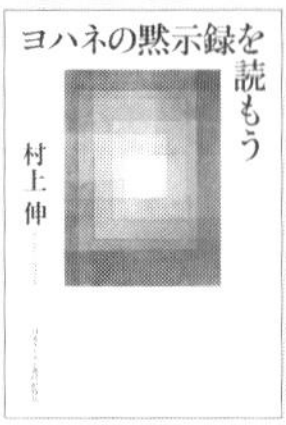

ガラテヤの信徒への手紙を読もう

船本弘毅 著　**自由と愛の手紙**

四六判・162頁・1500円

ガラテヤの教会に起きていた問題に対して、パウロは福音に立ち返って、キリストにあって救われた者として生きるよう熱く説く。ルターの愛したこの書を今、どう読むのか、そのメッセージを読み解く。